快乐妈咪

激发内潜力

妈妈必学的蒙台梭利育儿全书

齐菲◎主编

心理学专家

新时代出版社

New Times Press

图书在版编目（CIP）数据

妈妈必学的蒙台梭利育儿全书 ／ 王玉楼编著． -- 北京 ：
新时代出版社，2014.6

（快乐妈咪）

ISBN 978-7-5042-2206-0

Ⅰ．①妈⋯ Ⅱ．①王⋯ Ⅲ．①儿童教育－家庭教育
Ⅳ．①G78

中国版本图书馆CIP数据核字(2014)第114758号

新时代出版社 出版发行

（北京市海淀区紫竹院南路23号　邮政编码100048）

北京嘉恒彩色印刷有限公司印刷

新华书店经售

*

开本 710×1000　1／16　印张12.5　字数 200千字

2014年6月第1版第1次印刷　印数 1—5000册　定价 32.00元

（本书如有印装错误，我社负责调换）

国防书店：(010) 88540777　　发行邮购：(010) 88540776

发行传真：(010) 88540755　　发行业务：(010) 88540717

前言
Foreword

　　现代社会，优生、优育、优教逐渐提高到一个新的水平，注入了许多新的内容。父母和家庭成员对孩子潜移默化的教育是在日常生活中自然进行的，当然也是非常重要的。家长需要掌握科学的、专业的胎教育儿、护理等常识，以便更了解自己的宝宝。

　　10个月的孕育时间，以及之前的准备时间，孕育一个健康聪明的好宝宝已经不是一件很轻松的事情。好不容易等到宝宝降生，新手父母面对这个幼小的生命，开心激动的同时，各种棘手问题也会接踵而至。怎样做好新生儿的日常护理？如何进行母乳喂养？宝宝常见病的预防与护理？产后妈妈恢复身材的秘诀？一系列问题困扰着新手父母。

备孕期间，很多未准爸妈有很多疑虑；怀孕期间，又会对宝宝的胎教以及孕妈妈自身的营养饮食发愁；宝宝出生后很多年轻爸妈由于缺乏经验，常常在育儿过程中因遇到诸多问题而不知所措，而宝宝就像一株娇嫩的幼苗，需要精心地呵护和培育，养育一个健康聪明的孩子，是普天下所有爸爸妈妈的心愿。十月怀胎，一朝分娩，每一位妈妈都会为此感到欣喜、幸福。然而从宝宝呱呱坠地开始，怎样才能让宝宝正常发育、健康成长，

这一严峻的问题，伴随着宝宝的一举一动、一哭一笑，无时无刻不牵动着爸爸妈妈的心，宝宝的每一点变化都备受关注。

本套书针对大家迫切需要了解的备孕助孕常识、孕期营养常识、育儿知识进行了深入的解析，知识点科学实用，内容丰富，涵盖面广泛，资料翔实，以便每一位新手父母都能从本书学到科学、专业的孕产育儿知识，真正有效地帮助到每一位家长。

本套图书将备孕期、孕期、育儿期、产后恢复期可能遇到的各种问题系统化地呈现在读者面前，让读者能轻松掌握重点，增加孕育乐趣。让宝宝快乐、健康、聪明、优秀的成长。我们共同努力，从宝宝诞生的那一刻开始，成就宝宝美好的未来！

Contents

第三章

语言沟通：培养良好的语言表达能力 | 61

第四章

培养宝宝感官协调能力 | 81

第五章

运动与成长：促进身体健康与肢体协调 | 105

第六章

情商提升：成就一生好性格 | 145

第一章

蒙台梭利教你认识宝宝成长规律

〉〉〉第一节

精心呵护宝宝的"心理胚胎期"
——新生儿期

❓ 认识宝宝的 "心理胚胎期"

什么是"心理胚胎期"

人有生理和心理两个胚胎期，其中，心理胚胎期（也称精神胚胎期）是人类特有的，宝宝出生就是这个心理胚胎期的开始，也只有人类才有这个时期。人的能力不是从母体延续而来的，而是来自于自身的构建。新生儿必须要在生理发育的同时作出相应的心理准备，使自己的心理成长能与自己的身体成长相适应。在此期间，新生儿要经历一段和在子宫里不一样的生活，这就是所谓的新生儿自我构建的时期，即"心理（精神）胚胎期"。心理胚胎期是宝宝逐渐从潜意识转化成有意识，形成感知、记忆、想象、思维等认知能力的发展阶段，同时也是宝宝兴趣、能力、气质、性格等个性发展的关键时期，在这期间对宝宝适时地教育、启蒙，可使宝宝终生受益。

关注新生儿的心理发育

宝宝心理的发育首先有赖于健全的大脑。而大脑质量的高低又主要取决于脑细胞的数量和各细胞之间的联系情况。一般而言，对外部刺激积极反应的脑细胞越多，大脑就越灵敏；反之，就会阻碍宝宝智能的正常发育。因此，为宝宝提供适宜的精神环境显得十分重要。

对于成年人来说，我们总是对宝宝的身体成长比较关注，却没有注意到，其实他们的精神与心灵的培育也在不断地发展着。譬如，有些新生儿很好带，喂奶后愉快地活动一会儿，又能安静入睡；但有些新生儿整天烦躁哭闹，要求甚多。这些多与新生儿期心理活动与精神因素有关。因此，关注宝宝的心理发育，就不能忽视宝宝的精神世界。

新生儿更需要精神呵护

蒙台梭利博士指出，幼儿早期的精神生活是至关重要的，她一直都崇尚自然地教育宝宝，呵护宝宝精神发展。因为宝宝有自己发展的方式和必须遵守的规律。在宝宝体内存在着一种微妙的力量，成年人不合时宜的干预会阻碍这种力量的发挥。父母有时没有意识到，其实宝宝拥有一种积极的精神生活，尽管他们并没有表现出来，而且宝宝还必须经过相当长的一段时间来秘密地完善这种精神生活。

蒙台梭利博士认为，成长中的宝宝除了"生理胚胎期"外，还有"精神胚胎期"，因此，他需要一个特殊的环境来构建自己。正如一个肉体的胚胎需要妈妈的子宫，并在其中发育一样，精神的胚胎也需要外界环境的呵护。这种环境充满着爱的温暖，有着丰富的营养，这个环境里的一切都乐于接纳他，适于他的发展，而不是伤害他。只有成年人认识到这一点时，他们才会改变对待宝宝的态度。

给宝宝成长的精神环境

宝宝的神经系统发育最早，先于其他各系统，出生时大脑表面的沟回已形成，出生后第一年大脑生长发育特别快。出生后神经细胞数目不再增加，细胞功能尚不成熟。新生儿的活动主要由发育已较成熟的皮质下中枢如丘脑、下丘脑调节，故新生儿动作多而缓慢，肌张力高。

宝宝的成长过程也是一个精神发育的过程，他的精神与其所处的外界环境存在着一种交流。在这个交流的过程中，宝宝不得不向他周围的环境妥协，由此使其个性与环境相融合。通过心灵的指引，宝宝慢慢长大，并且能够从事复杂的活动。所以，成年人应该为宝宝提供一个积极、丰富而又安全、健康的精神环境，让宝宝的心灵可以得到不断的增强。

❓ 新生儿在努力适应环境

腹中的胎儿已经能感知外界

如果父母想要更好地培养宝宝，就需要进一步了解宝宝在子宫中的生活。胎儿的记忆是惊人的，就像一台不断被存入程序的计算机，各种信息和刺激会被存入胎儿的"记忆库"。

前苏联著名提琴家科根曾讲了自己一段有趣经历：他在一次音乐会上演奏了一首新乐曲，在此之前，他曾在妻子的伴奏下练习过这首乐曲。当时，他的妻子临近产期，不久生了一个儿子，儿子长到4岁便学会了拉提琴。有一天，他突然演奏出了从未学过的一支乐曲，这支乐曲正是他父亲在演奏会上演奏过的曲子，而这支曲子仅在那次演奏会上演奏过一次，后来也再未演奏过，也未出过唱片，而他的儿子在出生后也从未听到过这支曲子。这个例子充分说明了孕期教育对宝宝的教育是有一定作用的。

新生儿对环境的反应很敏感

新生儿对环境有很敏感的反应，比如，只要眼前有光闪烁，婴儿就会眯起眼睛，光线突然加强，婴幼儿的瞳孔就会反射性缩小。所有这些反应都是为了躲避刺激，或者是减轻刺激的影响。事实上新生儿不仅能躲避刺激，他也在寻求刺激。对新生儿进行观察会发现，大多数宝宝的脸总是喜欢向着光亮的一面。此外，婴儿生下来几天就能用眼睛追踪缓慢移动的光源了。强光会使婴儿不安，所以，新生儿所在的地方不宜光照过强。婴儿能用哭声对强烈的声音及噪音做出反应。比如，如果房门"砰"地一响，或铃声突然响起，婴儿就会吓得反射性地一哆嗦。因此，父母要保护婴儿免受强音的刺激。

从出生第一天起，婴儿对冷热、疼痛的感觉就很敏锐。不仅如此，通过细心的观察我们会看到，婴儿可以区分人们对他的触摸。如果关切地去摸他，他的反应是平静泰然；动作不够温和或鲁莽，他的肌肉就会紧张起来，甚至会哭起来。触摸动作徐缓、平稳，他就会感到安全；动作猝然、生硬，他立刻就会惊恐起来。

帮助新生儿适应环境

父母应根据自然规律帮助宝宝自然舒适地适应周围的环境。有些父母在宝宝未出生之前，就为宝宝准备了很多漂亮可爱的小衣服，所以，当宝宝出生后，父母就迫不及待地将这些小衣服给宝宝套上。然而，这种做法或许宝宝并不喜欢。当宝宝还在妈妈肚子里的时候，是不被任何东西束缚的，等宝宝出生后突然被很多衣服束缚住，其实他们本身是不喜欢这种感觉的。由此我们也可以想到，父母不该凭自己的喜好，强迫宝宝做一些不喜欢的事情。因此，宝宝从一出生就应该被安置在一个温暖、舒适的房间里。触摸和移动宝宝也应该遵循严格的规定，不要突然将他抱起和放下，以免使他受到惊吓。也不要突然将宝宝放入水温不适宜的水中洗澡，那样他会受到过大的刺激。

❓ 新生儿生理发育特点

身长

身长是反映骨骼发育的一个重要指标。新生儿出生时平均身长为 50 厘米，其中头部占身长的 1/4。新生儿出生后前半年每月平均增长 2.5 厘米，后半年每月平均增长 1.5 厘米，1 岁时平均 75 厘米。

体重

体重是反映宝宝生长发育的重要指标，是判断宝宝营养状况、计算药量、补充液体的重要依据。新生儿出生时平均体重为 3000 克，正常范围为 2500～4000 克。一个满 28 天的宝宝体重应该是多少呢？这不能一概而论。因为宝宝出生时的体重就有很大不同，有的 3000 克，有的 4000 克，不能说 4000 克的宝宝比 3000 克的宝宝健康。另外，因喂养方法、吃奶量的不同，婴儿体重增长的速度也不一样，如果婴儿饮食正常，精神状态良好，不论是喂母乳或喂奶粉，在这 28 天的体重比出生时的体重增加 500 克以上即为正常。

头围

从新生儿两耳上缘和枕后结节经眉弓绕头一周的长度即为头围。出生时头围平均值为 34 厘米（32～36 厘米）；出生后前半年增加 8～10 厘米；后半年增加 2～4 厘米；1 岁时平均为 46 厘米；2 岁可达 48 厘米；5 岁时 50 厘米；15 岁时接近成年人，为 54～58 厘米。

胸围

沿乳头下缘绕胸一周的长度为胸围。宝宝出生时胸围比头围小 1～2 厘米，平均为 32.4 厘米；1 岁时胸围和头围接近相等；2 岁后胸围超过头围。

呼吸与脉搏

新生儿在出生后，以腹式呼吸为主。开始时不大会用肺深呼吸，呼吸频率较快，大约为 40 次 / 分钟，呼吸节律也不规则。新生儿的肺容量较小，但新陈代谢所需的氧气量并不低，故只能加快呼吸频率来满足需要。在正常情况下，新生儿脉搏的跳动特点是快而波动大，一般在 120～160 次 / 分钟。刚哭完和刚吃完奶或发生呼吸障碍时，脉搏数会增加。测量呼吸要在婴儿安静时把手放在新生儿腹部上，以上下起伏一回为 1 次。若 1 分钟的呼吸数在 60 次以上，或 30 次以下，需请医生检查治疗。

体温

新生儿的体温中枢发育是不完善的，而且皮下脂肪薄，保温能力差，加上散热快，体温常常不稳定。特别是出生时，新生儿从温度恒定的母体子宫内来到温度较低的体外，体温往往要下降 2℃左右，以后可逐渐回升，一般 12～24 小时内稳定在 36～37℃。

新生儿还不能很好地通过自身机体来调节体温，因此要通过外界的衣服、被子、室温来调节。酷夏和寒冬，更要注意调节室温，适时增减衣、被，以保证其体温在正常范围内。

排泄

新生儿在出生后 1～2 天内排便，首次排出墨绿色黏稠、无臭味的大便，这是胎儿在子宫内形成的排泄物，叫做胎便；从出生后 48 小时左右，变为混合胎便的乳便；出生 4～5 天以后，变成没有胎便混杂的乳便，为黄色。

睡眠

一般新生儿每天大部分时间都在睡觉，有 18～22 小时是在睡眠中度过的。只有在饥饿、尿布浸湿、寒冷或者有其他干扰时才醒来。但也有少部分"短睡型婴儿"，出生后即表现为不喜欢睡觉，或者睡眠时间比一般婴儿少。

宝宝的睡眠时间因人而异，不能单独以睡眠时间长短来判断宝宝的生长是否正常。只要宝宝睡眠有规律，睡醒后精力充沛、情绪稳定、食欲良好，其体重、头围、胸围等均在正常的范围内增长，就说明宝宝没有睡眠不足问题。

❓ 新生儿感觉发育

听觉

刚出生的宝宝耳鼓腔内还残留着黏性液体，妨碍了声音的传导。随着液体被吸收及中耳腔内空气的充满，宝宝的听觉灵敏性逐渐增强。新生儿出生后对突然的响声有反应，会受惊，会出现反射性四肢惊跳反应。

2 周后出现明显听觉。如果用持续、温和的声音在离宝宝耳朵 10～15 厘米处进行刺激，宝宝会转动眼球甚至转过头来。当然，宝宝最喜欢听的还是妈妈的声音，听到妈妈的声音能停止哭泣，安静下来，这是因为在母体内时听惯了妈妈的声音。新生儿出生时，视觉模糊，但有光感反应。比如，当以强光照射他时，会引起他反射性闭眼，但眼的运动尚不协调，叫有暂时性斜视及眼球震颤，出生后 3～4 周即消失。由于眼肌控制能力差，虽然睁开眼，但视线不会停留在任何物体上。经过光和物体的逐步刺激后，视觉开始集中注视眼前的物体。满月时，目光能注视近距离缓慢移动的物体。新生儿喜欢注视色彩鲜艳的物体，对红色和蓝色有不同的反应，喜欢注视轮廓复杂和曲线物体的图像。

味觉

新生儿有吸吮、吞咽的本能，由于味觉神经发育较完善，所以他的味觉很灵敏，对酸、咸、苦、甜都有反应。如，吃到甜味，可引起宝宝的吸吮动作；对于苦、咸、酸等味，则可引起其不快的感觉，甚至停止吸吮。妈妈要记住，要是不想让宝宝养成只喝糖水的习惯，就不要给他喝糖水，给了糖水再给淡水，宝宝就不喝了。

嗅觉

新生儿嗅觉发育较早，能区别不同的气味，能通过嗅觉寻找妈妈的乳头。此时，嗅觉已经比较灵敏，比如，他喜欢妈妈身上的奶香味，喜欢闻果香味，不愿闻臭气。另外，妈妈也能通过气味"确定"自己的宝宝。于是，嗅觉就成了母婴之间相互了解的一种方式。

触觉

新生儿从生命一开始就已有触觉。早已习惯包裹在子宫内的新生儿，出生后自然喜欢紧贴着身体的温暖环境。新生儿喜欢妈妈怀里的那种温暖的触感，喜欢被轻柔地抚摩身体，这种接触能使他感到安全。新生儿离开母体后，会有很大的不安全感，特别需要妈妈的抚爱。当宝宝哭时，父母抱起来并且轻轻拍一拍，宝宝就不哭了。妈妈可在喂奶、给宝宝洗澡、换尿布时，轻柔地抚摩宝宝，尤其是面颊、手心等部位。通过抚摩既增加了母子感情，又加强了新生儿皮肤感觉的训练，可明显促进宝宝对客观事物的反应能力。

痛觉

新生儿已经有了痛觉，但痛觉比较迟钝，尤其在躯干、腋下等部位更不敏感，所以，如果不小心把宝宝弄疼了，宝宝往往反应不明显。但刚出生的宝宝肌肤特别娇嫩，对外界环境还需要逐步适应，所以需要精心的护理。

宝宝智力发育敏感期——0～6岁

❓ 成就聪明宝宝应从关注敏感期开始

什么是敏感期

敏感期是指生物在最初期的发育阶段所具有的一种特殊敏感性。它是一种灵光乍现的禀性，并且只在获得某种特性时闪现出来。一旦他获得了这种特性之后，其敏感性就消失了。

比如，蝴蝶的幼虫，在敏感期的时候对于光线的感知力极强，所以它们总会爬到光线最强的地方。当它们长大后，对于阳光就没有那么敏感了，因为它们体内可以消化更加粗糙的树叶了，所以它们的敏感期就过去了。其实人类也有这样的敏感期，让宝宝感受比成年人更多的情感和外界刺激，为的是让宝宝拥有一种创造的本能，一种积极的潜力，他能借助所处的环境构建起一个精神世界。在这一点上，与生长现象密切相关的敏感期的发展具有特别重要的价值。

荷兰科学家德弗利斯，在动物身上发现了敏感期。而蒙台梭利也在"儿童之家"宝宝的身上发现了敏感期，并把它运用到了教学上。

父母应该重视宝宝的敏感期

敏感期是宝宝生命发展过程中的一个关键时期。正是源于这种本能，宝宝往往做出一些让人诧异的举动。如果宝宝在其敏感期没有按他的敏感性的指令行事，他将永远丧失这种天赋的力量。处于敏感期的宝宝正是吸收性心智比较强的时候，父母打断了他们，或者阻碍了他们的正常发展，那么宝宝的心理就会出现紊乱的状态。同样，假如宝宝的这种本能遭到了破坏，那么他们将会错过相应的敏感期，变得软弱和缺乏活力。

宝宝在他们的敏感期时，就能学会自我调节和掌握某种东西。因为这种敏感性使宝宝会以一种独特并且强烈的方式来对待外界的事物。正常的宝宝在这一时期会对一切都充满活力和激情，并且能轻松地学会每一件事情。他们会在敏感期学会这些基本的技能，随后他们才会有父母的那种疲劳感和乏味感。因为当这个敏感期过后，他们就只能通过思维的加工、主观的努力和不倦的研究才能取得心智上的进步了。

❓ 动作敏感期（0～6岁）

认识宝宝的动作敏感期

宝宝所有的动作、行为都与正在进行的智能活动有密切的关系。动作发展主要包括两个大的领域，一个是身体运动；另一个是手的动作。手部的动作刺激大脑发育，而大脑反过来又支配手的动作使之更加熟练。而身体运动和手部动作的共同协调，能使得宝宝的大脑得到更好的开发。随着宝宝的长大，宝宝喜欢自己用小手来感知世界。他会越来越喜欢自己握住汤匙和杯子，把东西往嘴里放，这时，父母别急着阻止他。尽量多让他触摸不同质地、不同形状、不同温度的物品，让他的小手充分活动起来，对他的大脑发育会很有好处。平时，妈妈还可以经常给宝宝捏一捏小手小脚，这样能刺激宝宝大脑的发育。

好动是宝宝的天性

当宝宝长到6个月大时，听见声音就会转头去寻找，看见东西就要伸手去拿。8～9个月的宝宝已经学会爬行，随着活动的范围大大拓宽，他们的好奇心似乎永远得不到满足，在他们眼中，家里的抽屉、柜子，甚至瓶瓶罐罐里都像藏着宝贝，他会专心致志地研究每一件东西。1～2岁的宝宝，已经开始能够站立行走，活动能力大大提高，手脚都被解放出来，思维能力也有了一定的发展，他们要求不停地进行游戏，而且喜欢到处乱跑、四处捣乱，这都是宝宝的正常表现。再大一点儿的宝宝好奇的事物会更多。

好动是宝宝的天性，是宝宝受到好奇心的驱使，不断去探索周围世界，提升自身的运动能力和思维能力的一种行为表现。如果宝宝不好奇，那就不会去与事物相接触，不与事物相接触，那他就不能明了事物的性质和状况。所以，好动是宝宝获得知识的一个最重要的途径。

让宝宝在好动中增长智力

父母不必过于担心宝宝好动，他其实是在玩耍的过程中进行学习和探索。父母可以在保证安全的前提下，放手让他尽情玩耍。同时，父母也可以利用宝宝的好奇心，跟宝宝一起玩游戏，并在玩的过程中有意识地对宝宝进行引导，让宝宝动脑筋去思考问题，自己动手去解决问题，从而促进其大脑的发育。

比如，如果宝宝拿到一个球拍或是抓到一颗棋子，妈妈就可以告诉宝宝这是什么，可以做什么用，引导宝宝去观察、去模仿、去学习。这样既可以丰富宝宝的知识，又可以培养宝宝的兴趣及观察能力、模仿能力，在这个过程中还可以锻炼宝宝与他人交往的能力。

❓ 感官敏感期 （0～6岁）

认识宝宝的敏感期

宝宝从出生开始，就会借着听觉、视觉、味觉、触觉等感官来熟悉环境、了解事物。3岁前的宝宝，他们透过潜意识的"具有吸收性的心智"来学习周围环境中的知识；3岁以后便能透过感官具体分析判断环境里的事物。宝宝在敏感期会非常关注他们周围的环境，比如，刚出生的宝宝会对床头上方的风铃产生极大的兴趣。新生儿的头部无法转动，所以只能用眼睛盯着床上方摇摆不定的物品，这对宝宝来说就是符合他的成长规律的。

如何开发和培养宝宝的感官

在照料宝宝时，妈妈要多同宝宝说话，还要让宝宝尽可能地接触外界的人和物发出的各种声音，以丰富宝宝的听觉经验。

让宝宝多闻气味，多尝各种味道，以丰富其嗅觉和味觉经验。哺乳时，妈妈会发现宝宝总是边吃边用眼睛直视自己的眼睛，这正可以满足宝宝情感发育过程中的视觉需要。

　　同宝宝多做游戏。做游戏时要让宝宝体会到不同体位和不同高度，经常用不同材质的玩具刺激宝宝精细的触觉分辨能力。这些学习和练习要一直持续到宝宝6岁左右。在做游戏的过程中，精细的感官分辨和感官记忆会慢慢成为感知觉，这时宝宝就会认识颜色、形状、方位和不同的物体，这些都是宝宝认识能力正常发育的基础。

让宝宝通过感观认识世界

　　对于一些月龄比较小的宝宝，父母不要把宝宝一直放在摇篮里。因为即使在摇篮中，他们也会尽力扭动脑袋，去观察旁边的事物。父母可以把宝宝放在稍微倾斜的平面上，这样他就能看到周围的一切。更好的办法是，把宝宝放在花园里。在那儿，他会看到鸟、花，以及微微摇动的小草。宝宝应该在不同的场合都被放在一个地方的同一个位置上，这样他就可以重复看到同样的东西，并学会如何识别这些东西及它们相应的位置，学会如何区别有生命和无生命的东西。

　　对于月龄大一些的宝宝，他们可以独自行走之后，他们的腿和脚会带领他们去寻觅这个世界上令他们更加感兴趣的事物。此时，父母一定不要因为宝宝从地上捡起一个东西就用极其夸张的动作和声音勒令他们停止。父母的语气应温婉，并且适当地给予鼓励，因为宝宝所有的行为都是本能的，他正在观察和认识这个世界。

❓ 语言敏感期（0～6岁）

认识宝宝的语言敏感期

　　蒙台梭利博士认为语言是自然赋予人类的一种本能，但也有超乎自然的部分。父母并没有刻意地教宝宝语言，然而人类的语言对宝宝而言，就如同人间最美妙的音乐。他们生命内在有一种自发的力量，让语言在他们尚不能表达和自由活动时，就开始被吸收和储藏。当宝宝开始注视大人说话的嘴形，并发出咿呀学语的声音时，就开始了他的语言敏感期。宝宝学习语言对父母来说，是件困难的大工程，但对宝宝自己来说却能很容易地学会母语，因为宝宝具有自然所赋予的语言敏感力。

在语言敏感期让宝宝多说话

宝宝在敏感期时，会对其所在的周围环境比较在意。当宝宝的内心活动与环境相接触时，就产生了意识。这些意识的最初状态并不清晰，它们是混乱的，但通过锻炼，它们最终会变得明了，直至能达到进行创造性思维的境地。

在语言表达方面。在最初的一段时间，当不同的声音传到宝宝的耳朵里时，这些声音是以混合的方式出现的，宝宝虽然不能分辨这些都是什么声音，但是他知道他自己对什么声音感兴趣，比如，语言、音乐。渐渐地，他们能辨别出不同的声音了，他们的舌头也比之前灵活了。当他能抬起头转向说话的人，眼睛紧紧盯住说话人的嘴唇时，他就会表现得十分快乐。这就是敏感期的力量。

宝宝虽然处于一种无意识的状态，但是他们知道自己喜欢什么声音，他们知道那个上下闭合的嘴唇里可以发出他们喜欢的声音。这种力量比任何教育手段都要高明。所以，父母要利用宝宝的这段敏感期，让他们多听、多看。对宝宝说话的时候，要让他看到你的嘴唇，这样他们会更加容易学会说话。

❓ 对细小物体关注的敏感期（1.5～4岁）

认识宝宝对细小物体关注的敏感期

一般来讲，在1岁半左右，宝宝开始进入关注细小事物的敏感期，这一敏感期一直会持续到4岁。在这一阶段，他经常会对一些很小的东西，比如，蚂蚁、小石子、线头、小纸屑等东西很关注。在这个敏感期，宝宝的观察视角往往投向许多细枝末节，越是微小的东西他关注得越多。所以，在这个时期，妈妈不要用父母宏观的眼光去看待宝宝的行为，要允许宝宝进行这些观察，并通过适当的引导保护他的观察兴趣。

宝宝喜欢观察微小的事物

我们总以为宝宝只对鲜艳的色彩和声音敏感，于是就用这些东西来吸引宝宝。但这些强烈的吸引力是外在的，对于宝宝来说也是转瞬即逝的。当宝宝超过1岁的时候，他们就不再对漂亮的物体和彩色的东西感兴趣了，他们只会对那些微乎其微，甚至是不值得一提的小东西感兴趣。例如，一个15个月大的小女孩，当父母把她带入满是花朵的植物园中时，她关注的重点并不是那些颜色鲜艳、美丽的花朵，而只是蹲在地上注视着一块砖。当父母细心观察后才会发现，她只是在看砖缝中的一只小虫子。那只虫子的颜色与砖块的颜色很相似，并且在快速地爬着。这个小宝宝由于惊喜而发出的叫嚷声，远比平时大得多。

再例如，一个小男孩在看卡片时发出"叭叭"的声音，刚开始爸爸以为他在用手对着画面上的猎犬打枪。可是仔细观察时，会发现这张卡片上主画面是一只猎犬，远处有一个肩上扛着枪的猎人，猎人旁边有一条弯弯曲曲的小路，在这条线上还可以看到一个黑点儿。小男孩用他的手指着黑点儿发出"叭——叭"的声音，尽管那个黑点儿几乎看不见，但我们可以看出那确实是一辆汽车。这辆车画得如此之小，以至于很难被发现，但是这却引起了小男孩的兴趣。由此可见，宝宝感兴趣的东西，不一定是很醒目的东西，却可能是很细小的事物。

❓ 秩序敏感期（2～4岁）

认识宝宝的秩序敏感期

秩序是生命的一种需要。2～4岁是秩序感形成的敏感期，良好的秩序感在宝宝4岁以前养成。宝宝需要一个有秩序的环境来帮助他认识事物、熟悉环境。一旦他所熟悉的环境消失，他就会无所适从。蒙台梭利博士在观察中发现，宝宝会因无法适应环境而害怕、哭泣，甚至大发脾气，因而，确定"对秩序的要求"是宝宝极为明显的一种敏感力。宝宝的秩序敏感力常表现在对顺序性、生活习惯、所有物的要求上。蒙台梭利博士认为，如果父母未能提供一个有序的环境，宝宝便"没有一个基础以建立起对各种关系的知觉基础"。当宝宝从环境里逐步建立起内在秩序时，智能也因而逐步建构。

秩序敏感期对宝宝发展的意义

当宝宝出生之后，只有一遍遍重复原有秩序，才能不断巩固安全感，直到宝宝把握了这个秩序，知道在一定范围内的发挥不会影响后果，并顺利地度过这个阶段，宝宝才能进一步发展。宝宝若从小就生活在毫无秩序的环境中，他的情绪及人格发展，甚至专注力都会受到影响。我们看到有不少两三岁的宝宝无法将注意力固定在一件事情上，只要看到有好玩的东西，想也不想，冲过去就抓，而后又毫无理由地扔掉，再去抓下一个。这样的宝宝一般是秩序感受破坏的、内心紊乱的宝宝。

对于正在建立思维意识基础的幼儿来讲，外在秩序对于有序的思维意识发展起着重要作用。另外，秩序感是道德意识的起源之一。当一个宝宝为了没有摆整齐的积木块焦急、为了掰成残缺的面包大哭时，那是因为他认为整齐、完整是"对"的，凌乱、两半是"错"的。事物有了"对错"之分，行为自然也有"好坏""正误"之分，宝宝的自律感应运而生。

不要忽略宝宝的秩序敏感期

宝宝对秩序的敏感性，在他出生的第一个月就体现出来了。当宝宝看到一些东西放在恰当的位置上时，他就会很兴奋，处在秩序敏感期的宝宝一般都很淘气。但是，令人遗憾的是，很多父母都没有意识到宝宝的秩序敏感期，以致错失了最好的教育良机。一些父母甚至因宝宝的淘气而感到不耐烦，甚至对宝宝的"不当"行为进行批评斥责，让刚刚进入秩序敏感期的幼小心灵无法充分体会成长的美好，这样容易让宝宝变得孤僻、不再有勇气探索未知。

❓书写敏感期（3.5～4.5岁）

认识宝宝的书写敏感期

书写敏感期一般是出现在3岁半至4岁半之间，也就是幼儿园的中班阶段，而不是很多人认为的宝宝是在进入大班或小学以后才开始进入书写阶段的。

在这一敏感期的开始，宝宝也许不能用正确的姿势握笔，这主要是因为小肌肉的发展程度还不够高，他们还没有能力将笔用正确的姿势握好。还有许多宝宝不能按正确的书写笔画写字，这是因为在书写敏感期的初期，宝宝的思维水平还处在具体形象思维阶段，书写的秩序感还没有完全建立，所以只能模仿字符的具体形象来进行书写。但随着年龄的增长以及宝宝思维水平的发展，在父母的正确指导下，宝宝能慢慢掌握正确的笔画顺序。当宝宝处于书写敏感期的时候，学习新内容的速度会明显加快，父母会发现教宝宝写字时，他们能很快记住字符的形状、笔画，而且不容易忘记。

触觉是宝宝学习书写的基础

阅读和书写是学习的基础，缺少了它们就不可能学习其他科目。书写相对枯燥，一般被认为是只适合于年龄较大的宝宝，而蒙台梭利博士则让 4 岁左右的宝宝就开始写字母。她发现，仅仅向宝宝呈现不同的字母，过了几天，宝宝就没有什么印象了；而当她请人将字母刻在木板上，让宝宝顺着沟纹临摹时，他们很快就能认出了。即使是智能不足的宝宝，凭借这种教具的帮助，经过一段时间后，他们也能写一点字母了。令人惊奇的是，他们不仅写得很漂亮，甚至比小学三年级的学生写得还好。他们手写出来的字形都很接近，因为他们所触摸的是同样的字母，同样的字形已形成于他们的记忆中了。从这一实验可以证明：对于尚未完全发育的宝宝，触觉经验是一种很重要的感受。蒙台梭利博士认为，智慧在手指尖上，让宝宝用指尖去触摸、去感受后，书写能力会得到意想不到的提高。

书写的魔力

其实，每个宝宝的自身都有一种求知欲。比如，让一些小宝宝写一些字母之后，他们会迫切地想要知道那些字母的读音。而且当他们想到一些字的读音后，他们也会提出问题，问某些字怎么写。不管这个字的书写介绍有多么的繁杂，他们都听得进去。这种要求书写的愿望就像宝宝 2 岁时进入"说话爆发期"的表现一样。一旦整个心理结构成形，时机就成熟了，全语言教育时期就来到了，因此不必像传统学校一样要一个字一个字地教宝宝。对于根据读音就能拼写的英语来说，一旦宝宝开始写出一两个字，他很快就会写其他字，不久就会写所有他会说的字了。然而对于学习汉字的宝宝来说，他们也会对爸爸、妈妈和自己的名字的写法很感兴趣。当他们会写字之后，他们从此将不断地写，而这也是出于一种内在灼热的渴望。宝宝利用任何到手的工具来书写，只要有空间，不管是否合适，他都会去写。无论是在学校，还是在家，他们都写个不停，这就是书写对宝宝产生的魔力。

❓ 阅读敏感期（4.5～5.5岁）

认识宝宝的阅读敏感期

阅读敏感期一般出现在宝宝 4.5～5.5 岁。当宝宝喜欢自己"假模假样"地读书，或者变得特别喜欢，甚至非常依赖别人给他念书，不厌其烦地把图书当成一个玩具来玩耍时，他就进入了阅读敏感期。当宝宝进入阅读敏感期时，我们最好根据他的兴趣特点给他挑选一些图书，通过他感兴趣的这些书籍进一步调动他阅读的积极性。同时，要尽可能多开展一些亲子共读活动，通过父母的带动，逐渐培养宝宝自主阅读的能力，让宝宝更多地感受到阅读的乐趣，为从小养成爱读书的好习惯打下坚实的基础。另外，经常跟宝宝说话、讲故事、提问等，也可以促进宝宝的理解和表达能力，进而提高其阅读能力。

阅读感敏期的出现与宝宝所处的环境有关

宝宝的秩序敏感期、感官敏感期、动作敏感期等通常都有比较突出和明确的表现。父母一般都可以通过宝宝的一些特殊表现，比较准确地判断出他们是否进入相应的敏感期，而阅读敏感期不太一样，它需要提供相应的环境刺激才能被激发出来。不仅如此，阅读敏感期的出现还需要依赖其他能力的发展。比如，对于年龄小的宝宝来说，阅读本身是一项需要手、眼、脑配合的活动，所以他们喜欢用小手指着去读文字、读图，如果他的手、眼、脑协调能力发展得不太好，他阅读的时候就会出现跳行或者走眼的现象，这会影响宝宝对图书内容的理解，降低他的阅读兴趣，导致他难以享受阅读的乐趣。又如，阅读敏感期的出现还需要依赖宝宝生活经验的多少，只有在感受到丰富的环境刺激，获得丰富的生活经验的前提下，宝宝对书本的兴趣才会被他那些已有的经验带动起来，让他真正进入阅读状态，并且长久地维持这种阅读兴趣。

怎么样激发宝宝的阅读兴趣

为了尽早激发宝宝阅读的兴趣，父母最好从宝宝一出生就给他读书，等宝宝稍长大点后，多与宝宝做亲子共读活动。另外，允许宝宝有自己的阅读方式，如摔书、胡乱翻书、倒着看书等，这些都能让宝宝感受到读书的乐趣。只要遵从宝宝的特点来开展阅读活动，宝宝就会从玩书入手，逐渐对书产生兴趣，最终通过阅读走入另外一扇看世界的大门，进入阅读敏感期。

书写敏感期与阅读敏感期的交替

当宝宝刚刚学会书写的时候，他们仍不会阅读。一般的观念是，宝宝应先会读再会写，但是在"儿童之家"，蒙台梭利的主要方法是活动的字母表。宝宝则是先在脑子里分析字里蕴含的声音，然后用活动的拼音字母把该字排出来，因为在宝宝的心目中，每个字母都连带一个声音。这样，在声音的层面上，把阅读和书写都考虑进去了。这种将字母与语言联系起来的能力出现在宝宝的阅读敏感期。发展书写语言的最好时节是口头语言正在自发地完善之时，随着宝宝语言的不断完善，他们现在又能用书写来表达，而不仅仅是用说话来表达了，但他到此为止还不能阅读，这是宝宝自然发展的心理敏感期。

在学会书写后的五个月左右，宝宝突然间自己就会阅读了，甚至是你认为宝宝不可能认识的字，宝宝居然也认识了。其原因是，宝宝在学会书写以后，心中又燃起了另一种渴望，他极其希望了解那些字的意义。此时的宝宝，如同科学家研究史前的碑文一样，他们会经过仔细观察、比较，想从这些未识的符号中找出其中的意义来。当宝宝将近 6 岁时，他几乎已能阅读一本故事书了。

第二章

智能开发：
激发宝宝大脑潜能

成就天才宝宝的秘密

❓ 培养聪明宝宝的必备条件

自由是宝宝智力发展的关键

要确保宝宝智力的发展，就要确保宝宝的机体处于运动之中，这是实现宝宝自由发展的关键。只有那些能够自由活动的宝宝，才能不断地完善自己的智力，从而能自由地发展自己的内在人格。

如果是父母强迫宝宝做的事情，宝宝往往不会对这件事抱有长期的关注。只有宝宝在某种智力目的的支持和指引下工作，他们才会做到持之以恒。所以，当父母放弃一些偏见或者自大的想法，不再对宝宝指手画脚，把他们当做独立的人时，那么宝宝的智力发展将不再受阻。

蒙台梭利博士所推崇的是让宝宝可以自由地发展，从而使智力得到增强，但并不是如普遍认为的把他交给"本能"。一想到让宝宝自由发展，父母就会在脑海中闪现出无数个恐怖的画面：他们会到处捣乱，他们会砸碎东西，他们会随便吃东西等。实际上，这些情况的确也是宝宝的本能反抗，随着年龄的增长和意识的提高，宝宝甚至会增强这种反抗的力度，这也可以视为宝宝成长过程中的自我保护手段。

宝宝不是我们养的植物，他们不会安安静静地等待我们观赏和单纯地喜爱。父母只想到自己的麻烦，却没有想到宝宝的感受。我们只是想方设法让宝宝保持安静，培养出"听话"的宝宝。父母觉得乖巧的他们才是最棒的。但是，我们忽略了宝宝自身的需要，束缚宝宝的行为，只会使他身上的本性不断泯灭。相反，如果我们让宝宝成为智力活动的自由主体，情形就会完全改观。

所以，为了把宝宝培养成为高度自觉、自主地从事智力活动的人，父母必须赋予"自由"以新的概念。

与宝宝多说话

语言的学习与提高，是从生活中熏陶出来的。当体会到声音可以表示某些感受、可以代表某些事物时，宝宝就会十分乐于使用这么一个快速有效的沟通方式，来表达自己的需求。

父母在和宝宝说话的时候，一定要注视着宝宝的眼睛，宝宝可以通过妈妈说话的表情来奠定其对说话方式的认识。每一次的声音交流都会让宝宝的听觉变得敏锐，所以，不管是换尿布、喂奶或洗澡时，都要随时随地保持与宝宝说话的习惯。妈妈在回应宝宝说话时，最好边说边抚摸宝宝，更能强化宝宝对声音的理解。妈妈可以边做家务边和宝宝说话，宝宝总是好奇妈妈在做什么、说什么，因此，不妨让宝宝跟妈妈往同样的方向去寻找目标，让宝宝自己亲眼、亲耳确认妈妈口中说的与看到的是相同的事物,这样可培养宝宝的辨识联想能力。

当你一遍又一遍地回应宝宝的说话时，这不仅可以加深他们的记忆，还能提高宝宝的语言交际能力，为他将来学会语言表达打下坚实的基础。

积极回应宝宝

在宝宝还不会说话之前,他只能用自己的方式与父母交流。也许是一点声音、一个动作或是脸部的表情、目光的注视或逃避，这就是宝宝给你的暗示。有些父母会抱怨宝宝总是爱哭，烦躁的父母有时甚至干脆让宝宝哭累了自然安静下来。殊不知，这样的做法是非常错误的，哭是在宝宝还不会说话时传达信息的唯一方式，宝宝的哭声代表了不同的含义，或恐惧，或饥饿，或不舒服，或是要尿尿了等。积极回应宝宝，你会发现，你的微笑能使焦躁、哭闹的宝宝逐渐安静下来，他会因你的话、因你的抚摸而变得不再哭闹，此时他大脑的焦虑反应系统便自动关闭了。

对于宝宝来说，父母在很大程度上影响了他对世界的认知。因此，当宝宝在好奇心的指引下努力去探索时，父母要保持接受、支持的态度，尤其是当宝宝受到挫折后，父母一定要及时地回应并鼓励宝宝。只有这样宝宝才不会对困难有所畏惧。

让宝宝做力所能及的事

随着年龄的增长，宝宝会自然而然地认为洗脸、洗手、换衣服、打扫自己的房间等都是他们应该做的事情，而且他们也乐于做这些事情来证明自己的力量。所以，父母应给宝宝照顾自己的机会，让他们做一些力所能及的事情。反之，不易让宝宝建立做事的信心与信念，时间长了还会养成宝宝懒惰的习惯。当宝宝自己选定某些工作后，他们就会在原动力的促使下，认真地把这件事做完。

在这种环境下，他会将自己的工作从简单的实物逐渐过渡到复杂的实物，并使自己的独立能力得到锻炼，身心得到陶冶。他们正是根据自己大脑里形成的内在秩序和所获得的技能来培养自己性格的。作为父母，我们不能总给宝宝设置过多的限制，太顾及自己在家庭的权威位置，而应该给他们一个自由空间。

不要过多地干涉宝宝

宝宝能否找到自我学习的兴趣、能否对工作有持久的专注力，都取决于父母或老师。在日常生活中，我们往往会忍不住过多地去教宝宝，去纠正宝宝或是鼓励宝宝，有时却无法得到预期的教育效果。我们一定要对宝宝有信心，避免过多地指导宝宝，即使是在某件事情刚开始的时候。

蒙台梭利博士要求在"儿童之家"的老师必须有计划地替宝宝安排一个适当的环境，准备一些具有明确目标的教具，并且小心地引导宝宝学习日常生活的实际工作。他们对老师的期望是：在蒙台梭利教室中，老师能够分辨得出来哪个宝宝选对了适合于自己操作的教具，哪个宝宝的教具操作偏离了教育目标，而且必须冷静沉着，随时守候在旁，必要时适时地给宝宝爱和信心，以及必要的指导。或许这个理念与我们一直以来所做的和所推崇的理念相悖。父母会问，我们到底需要做些什么？其实，在开始的时候，父母可以用行动来教宝宝做事情。中国有个成语：言传身教。确实在有些时候，父母的身体力行比无数遍的教导和唠叨更加有用。

鼓励宝宝安全探索

很多妈妈认为，新生儿还没有思想意识。但事实并非如此，宝宝从出生的那一刻起，就开始了一种全新的命运，他逐渐具备了视觉、听觉、触觉、味觉等能力。我们仔细观察就会发现，宝宝醒着的时候，总会带着好奇心注视周围人的面孔。当宝宝注视你的脸时，他的眼睛会睁大，常常停止吮吸和运动，这其实是宝宝探索世界的开始。

在探索过程中，宝宝的身体和智力会得到很好的发展。在日常生活中父母可以训练宝宝的判断力、思考力、观察力、自主能力以及耐心和恒心等。例如，父母可以在宝宝面前放一个热水杯，说："这是热的，触碰它会烫手。"但是，宝宝往往抑制不住自己的好奇心，小心地伸出小手去试探，直到感到手指被烫了，才快速地抽回来。当你再次抓住他的小手去触碰热水杯时，他马上做出躲避的动作。这样的探索活动会让宝宝知道冷热的含义。但是宝宝探索活动的水平有限，所以不能分辨探索活动是否安全。因此，在宝宝的探索活动中，父母应该鼓励宝宝探索，更要给宝宝创造一个安全的环境，将刀剪、热水瓶、药品、樟脑丸、洗涤液等危险物品放在宝宝不容易触摸到的地方。只有这样，才能让宝宝在安全的探索过程中，学会思考，提升智力。秩序感是生命的需要，是我们周围事物形态体现出的均衡、比例、对称、节奏等因素，能带给我们愉快、兴奋、舒服的感觉，它与生俱来，是大自然赋予宝宝的本能，也必将成为影响宝宝终生的一种习惯和品质。每个宝宝从出生开始，就已经有了对秩序的敏感，这些会让宝宝在舒适愉快中快乐成长。宝宝透过这个秩序去认识自我，以及自我与环境之间的关系。

宝宝的秩序感是天生的。当宝宝还在妈妈的肚子里时，就对秩序感就有了生物感应。宝宝出生后，喜欢与面部对称、比例均衡的人交流，从而获得秩序感，满足心理需求。3岁前的幼儿有着强烈的安全需要，当他被置于杂乱无章、陌生的环境中时，就会哭闹。随着宝宝的逐渐长大，秩序感在心理体验上会深化为安全感、归属感，在人际交往中会表现出自如与和谐。宝宝对世界的秩序感表现在对固定的看护人、整洁的房间、有规律的作息、事物的顺序、物品摆设的位置、人物的呈现，都有一种令人匪夷所思的执著。当环境出现了破坏秩序的因素，宝宝会变得躁动不安或乱发脾气。只要这种因素存在，任何安抚行为都会遭到他的抗拒。比如，陌生人把宝宝抱出家门，宝宝就会用哭闹、叫喊等各种方法表达自己恐惧不安的情绪，直到妈妈把他抱回房间，他熟悉的秩序得到恢复了，他才会平静下来。在成长过程中，帮助宝宝建立秩序，不但不会束缚宝宝自由的天性、引起他们的反感，反而会让他们心里充满安全与踏实，增强对生活的信心与热爱。秩序是帮助宝宝获得安全感的重要前提，秩序还可以帮助宝宝塑造自我，帮助他建立对自己与环境中人与事物关系的了解。

❓ 辨别力是奠定宝宝智力的基础

分辨能力的意义

或许有些父母不能理解分辨能力对于宝宝来说有怎样的意义，那么我们就先举例说明。如果一个人可以通过文字风格看出一本书稿是谁的作品，那么我们是否觉得这个人很精通文学？如果一个人可以看出一幅美术作品的真假，可以鉴定一件文物的时代，那么我们是否可以说这个人是大师级的人物？同样的道理，无论是化学家、物理学家、地质学家还是考古学家，他们首先对于所从事工作的了解，必须建立在可以分辨它们的基础之上。

其实，人的头脑是在已经建立的牢固秩序的基础上，将外部事物加以区分、归类和编排，这既是智力的表现，同时也是对自己精神的陶冶。而宝宝就像艺术鉴赏家和科学家那样凭借一些事物的特征对外界事物加以辨别和归纳。他们对一切都敏感，一切东西对他们都具有价值。相反，无知的人从艺术品旁经过或是听到美妙的音乐，却不能或者不懂欣赏。如果我们不对宝宝进行辨别力的培养，那么他们也将对一切无动于衷。

如何教宝宝对事物进行分类

分类能力是衡量智力的一个重要标志。让宝宝尽早掌握对事物的分类方法，对于他们以后的推理、辩论以及形成数的概念具有非常重要的作用。宝宝在获得区分事物的能力之后便奠定了智力的基础，因而这种区分事物的能力培养对于宝宝来说也就显得尤为重要了。

蒙台梭利博士推崇利用感知训练法，培养宝宝区分和分类的能力。父母可以为宝宝准备以下材料：一些不同属性的物品，比如，形状相同，但大小不同的物体；大小差不多，但形状不同的物体；同样物品，但颜色不同等。它们具有的属性越多，对于提高宝宝的分辨能力就越强，事物的属性还可以扩展到重量、温度、味道、声音等。

父母为宝宝提供的物品重要的是物质的性质，而不是物质本身。之后通过大量的比较和分析，让宝宝确定两种物体的特征。事物不仅有质的差距，也有量的差别。它们也许高一点儿或低一点儿，厚一点儿或薄一点儿；声音有不同的声调；即使同种色调，颜色也有不同的强度；形状在不同程度上有相似之处；而粗糙和光滑也完全不是绝对的。

当宝宝感受到物质的差别后，父母还可以将宝宝的注意力指向一系列外部事物，比如，明暗、长短等。最后，宝宝便可以区分不同特征的差异程度，并且依次排出一系列物质。当你的宝宝开始做这样的练习时，你会发现他们已经爱上了这项排序和分辨的工作。从此，世界对宝宝来说就越来越清晰了。

在宝宝的思维中，慢慢地形成了"图书馆"，所有的书本都井井有条地摆放着。他们不会因为东西杂乱无章地摆放而觉得烦躁了。而且他们学到的知识不再仅仅被"贮藏起来"，而是得到了适当的分类。这种基本的顺序绝不会被打乱，而只会用新的材料加以丰富。其实，对于人类来说，智力的重要特征之一就是区分和辨别。在我们的意识中拥有的内容可能十分丰富，但是，假如一个人的思维处于混乱之中，那么他的智力活动就会处于停滞状态。一个有智慧的人，他一定是能够清晰地明辨是非、认清事物的本来面目。

因此，蒙台梭利博士提出的理论是：促进一个人的智力发展，就是帮助他把意识中的意象进行有条不紊地分门别类，而这一点要从小开始培养。

教宝宝识别事物的特性

对于宝宝来说，讲故事并不一定是了解事物的最佳方式。我们应该在一个相对安静的地方，让宝宝自己触摸着一个个实实在在、真实存在的物体，凭借相似性，区别不同物质之间的差异，并且找到它们之间的共性。

比如，我们如果说两个长方形的匾相似，我们先从众多特性中抽取出它们的共同点，诸如，都是木制的、都经过推刨、都是光滑的、都着了色、都具有同样的花纹以及其形状相似等。这可能让宝宝想起一连串的物质：桌面、窗子等。这样可以让宝宝的大脑充分活跃起来，分析事物，从事物中提取出某种特性，并在这种特性的指导下用同样的连接媒介综合更多的事物。

不要给宝宝大量杂乱的信息

现代的一些教育方法与蒙台梭利教学法有一些是背道而驰的。例如，平时我们习惯性递给宝宝一个红色的三角形木块，一股脑地告诉他这个是三角形，是红色的，是木块。这样的结果往往会造成宝宝内心产生更大的混乱，从而使他们的大脑变成更加缺乏主见的混乱状态。这种情况还是好的，至少能让宝宝触摸到这件物品，有一个直观的印象。更错误的做法是直接介绍给宝宝一些抽象的概念，让他们无从着手。

我们不能把宝宝当成是一个"储蓄罐"，无论是什么东西都一起丢进去。或许宝宝当时会记住了那些知识，但是他们并不会运用。当他们想运用这些知识的时候，就像是在一个杂乱无章的小仓库里寻找东西，结果可想而知。但是，如果我们将所有的东西都摆放在一间井井有条、宽敞明亮的房屋里，它们就不会显得混沌不堪。在这样的大脑中，就如在一间井然有序的房屋中一样，各种知识被分门别类、协调有序且用途分明。培养宝宝辨别力最重要的一点，就是让他们清楚地对事物有一个认知，当这种事物的特征再次出现时，他们能够辨认得出来。

❓ 选择有助于宝宝智能的提高

选择是智力的一种表现

人类思维内容的行程就是先经由感官对各种信息加以选择，之后思想再对感官所做出的选择加以进一步的限制，而这个选择的过程也就是高级的智力活动的过程。

无论是宝宝还是成年人，我们的大脑都具有一个相同的功能，那就是去粗取精，去伪存真，舍弃多余的东西，使之将那些独特的、清晰的、敏感的和重要的东西留存下来，尤其会保留那些对创造性有用的东西。如果没有这种独特的功能，智力也就不能称其为智力了。当一个人的注意力正处于漂浮不定的状态，那么他的意志在确定某一行动时也会迟疑。如果一个人的注意力总是分散，那么他对任何事情都不会进行深刻地研究，只了解事物的外在皮毛而已。让宝宝学会选择，可以更好地提高宝宝的智力。

提升宝宝选择能力小游戏

哪个碗里的花生多：妈妈先准备好两个干净的小碗和一些花生，把花生放入两个干净的小碗里，一个碗里放入 5 颗，另一个碗里放入 3 颗。妈妈让宝宝观察两个碗里花生的数量，问宝宝："你看两个碗里的花生一样多吗？你想要哪个小碗里的花生呢？"当宝宝做出回答后，妈妈再重新分配花生，继续游戏。也可以让宝宝来分花生，妈妈将花生放在碗里。

找家门：妈妈先找好大、中、小三个球和三个空纸巾盒。在三个空纸巾盒的底部分别挖三个大小不同的圆洞，直径以三个大小不同的球能分别通过为宜；然后让宝宝将大、中、小三个球放进相对应的圆洞里。如果宝宝将小球放到大洞里，妈妈就要告诉宝宝："洞大球小，这个洞不是它的家门。"如果宝宝选择对了，妈妈就要及时给予鼓励。

找相同：妈妈准备几张图片，比如，小猫、小狗，或者是宝宝在日常生活中经常能见到的被子、床、鞋子、皮球等图片。先任意给宝宝展示一张图片，然后把这张图片混在其他图片里。让宝宝凭着记忆在一堆图片中找出那张图。在宝宝挑选时，妈妈可以在旁边告诉宝宝那张图片的名称和图中东西的具体用途。

❓ 思考让宝宝更聪明

思考的重要性

蒙台梭利博士认为，培养天才宝宝的方法就是让宝宝去思考，通过思考会让宝宝的精神更加专注。成年人或许有这样的体会，当我们大量地、连续不断地读书时，反而会降低我们的思维能力。因为一遍又一遍地背诵，一遍又一遍地接收别人的想法，我们根本就没有加入自己的想法，也根本不算思考。

同样，或许很多父母认为宝宝可以背下很多诗词，就是非常聪明的了。但是，这些作为聪明的"装饰品"在进入宝宝的脑袋里以后，顶多只能给宝宝留下些印象，并不是宝宝通过专注的思考而获得，只有专注的思考才能起到启发的作用。深思能使人更有力量，心灵更健康，思维更加活跃。所谓"宁静以致远"就是此意。

思考可以让宝宝做事更专注

一个有自己目标的宝宝有一种强烈的内在需要，并且他们会努力培养和发展它，使之成为习惯。宝宝就是在这种追求中不断地成长，使自己的智力得到发展。因此，当他们学会思考时，他们就会进步得更快。

经历过思考的锻炼之后，宝宝才会乐于"安静地练习"。接下来他们会努力做到在行动时不发出声响，举止优雅，他们就这样陶醉于专注地做事情，并且等待着他们想要的结果出现。当他们养成了思考的习惯后，当他们可以专注地做事情，当他们可以凭借自己的内心感受，有意识地去做事情的时候，他们就不会再受到外界的打扰及周围人的影响了。

培养宝宝思考力的小方法

(1) 让宝宝模仿你的表情。宝宝愿意模仿妈妈的表情，你笑了，宝宝自然笑了。妈妈可以经常冲着宝宝反复展现一个表情，比如微笑，过一段时间，你就会惊喜地发现，宝宝的小脸蛋上有着和妈妈一样的表情了。其实，宝宝在这一过程中，逐渐学会了观察和思考，而这些会从最初的模仿开始。

(2) 和宝宝玩遮面游戏。和宝宝面对面坐着，然后用一块小面巾，突然遮住自己的脸，让宝宝看不到。你可以观察宝宝的表情：哭了，还是在四处寻找，还是掀起你的小面巾呢？因为这个阶段，宝宝可以辨认出爸爸和妈妈不是陌生人，所以当眼前熟悉的面孔突然"消失"，然后又突然"出现"的时候，宝宝会思考其中的原因。

(3) 在玩中学习思考。 好动、爱玩是宝宝的天性，妈妈可以设计一些小游戏，鼓励宝宝在活动中开动脑筋想办法，启发其思维能力。如，可以和宝宝一起玩"斜面滑坡"的游戏，将玩具车从斜面滑至地板，然后用书本将斜面垫高，增加坡度，引导宝宝思考斜面坡度和下滑速度之间的关系等。

(4) 探索和学习未知的世界。 提高宝宝对事物的感知能力和思考能力，比如，每月至少一次，有计划地去海边或湖边游玩。在宝宝视野里，海或湖泊如此辽阔且变化丰富：或大或小的波浪，快乐飞翔的小鸟，偶尔跳跃的鱼，偶尔行驶过的船只等，都会不断地引发宝宝那本来就蠢蠢欲动的幻想。他会主动思考这是什么，那又是什么？

(5) 鼓励宝宝从事创造性游戏。 教宝宝搭积木、画画，鼓励宝宝搭建或画出想象中的房子等。还可以每天和宝宝一起看书，声情并茂地为宝宝讲故事，这有助于引导宝宝走进想象的世界，激发其创造力。

❓ 利用感觉教育培养宝宝的智力

感觉教育的重要性

蒙台梭利博士认为，长期以来，人们对于实际生活当中什么是必要的，存在着一种错误的观点。当我们在教育宝宝时，我们讲的都是自己感兴趣的内容。尽管宝宝能够理解书中所说的内容，但实际做起来又是另外一回事了，这是因为，我们遗漏了教育当中最重要的一个因素，那就是感觉。可以说，在很多情况下，人们因为缺乏实践经验，单纯的智力变得没有任何用处，而这种实践经验几乎总是源自感觉教育。在实际生活当中，准确判断不同刺激的能力非常重要。对于宝宝来说也是一样，他们的聪明才智来源于生活，当然也要应用到生活之中。

感觉训练应从儿童时期开始

蒙台梭利博士认为，对于宝宝的感觉训练虽然还说不上是一种完美的方法，但是她相信，这对于心理研究来说是开辟了一个新领域，预示着丰富而有价值的成果的到来。

总的说来，蒙台梭利的教育目标包括生物学和社会学两个方面。从生物学方面而言，她希望能帮助个体在自然方面进行有效的发展；从社会学观点来看，其目标在于使个体能够良好地适应周围的环境。基于后者，技术教育有了一席之地，它能教会个体如何利用周围的环境。而从这两方面来看，对感觉的教育都是最重要的。

感觉的发展要先于智力活动的发展，宝宝在 3～6 岁的时候正处于感觉形成的时期。感觉的训练应当在儿童时期有系统的开始，并且应当持续于整个教育阶段之中，在这一教育阶段，其目的就是为了使个体能够适应社会生活。在宝宝的语言完全发展好之前，对他们进行一些帮助措施是必要的。同样道理，我们也能够在宝宝的感觉形成时期，协助促进他们感觉的发展。

3～6 岁是感觉刺激的敏感期

所有对于宝宝的教育都必须遵循这样一条原则——帮助宝宝天然的心智和身体方面的发展。教育的这两个方面经常是相互交织的，但宝宝处于不同的年龄段时，某个方面会更占优势。

在 3～6 岁这一阶段，宝宝正处于身体迅速发展的时期，这一时期是形成与智力相联系的感觉活动的重要时期。宝宝在这一时期会主要发展他们的感觉，他们会在好奇心的驱使下，开始更加关注周围环境。周围的各种刺激以及各种事物会吸引宝宝的注意力，因此，我们应该在这一时期有意识地对宝宝进行感觉刺激。发展宝宝的感觉，他们所接受的各种感觉可以沿着一条理性的道路发展。这种感觉训练能够提供一种有序的基础，在这个基础之上，宝宝可以建立起清晰而强有力的心智。

❓ 蒙台梭利式智力开发练习

"插座圆柱体组"练习宝宝注意力和理解力

在蒙台梭利教室内的各种教具中，最能吸引 2 岁半到 3 岁宝宝注意力的是插座圆柱体组，每块木板上都插有一排小圆柱体，每套插件的数目为 10 个，所有小圆柱上都有一个圆顶把手，方便拿取。第一组插件的圆柱体高度相同，但直径从大到小依次递减。第二组插件的圆柱体在高度和直径上都有变化，但整体形状是一样的，只有大小之别。第三组插件的直径相同，只有高度发生变化，随着尺寸的递减，圆柱体最后变成了薄薄的圆片状。

第一组是横截面的变化，第二组是高度和直径的变化，第三组只涉及高度的变化。蒙台梭利在设计这些排列次序时考虑到了宝宝进行这种训练的难易程度。训练时，先把所有的圆柱体插件都取出来，把它们混在一起，打乱原有的次序，然后再把它们重新放回正确的位置。宝宝可以坐在小桌旁，保持一种比较舒适的姿势来进行这种练习。宝宝用两个手指尖很小心地捏住圆柱体的小圆顶，把它们小心翼翼地拿出来，放在桌子上，然后用手和手臂轻轻地把这些小圆柱体随意混合一下，同时不要让它们从桌子上掉下去，也不要弄出太大的噪音，最后再把每个圆柱体放回到它原来的位置。

在进行这些练习的时候，父母可以先做个示范，把圆柱体从插孔中取出来，放在桌子上，并把它们的位置打乱，然后向宝宝示范一下如何把这些小圆柱体重新放回原来的位置。父母甚至不用说话，只要让宝宝看明白你的动作和意图就可以了。宝宝喜欢独自进行这样的练习，他们不喜欢被打断，也不喜欢父母或别的宝宝来帮助他们，所以有时候他们甚至会私下里偷偷练习。

蒙台梭利教具有控制错误的功能。宝宝自己纠错的过程也是他们智力发展的过程。当宝宝发现不对的时候，他们会自己开动脑筋去思考，这时父母不要给予过多的帮助，让他们自己去想吧。用不了多长时间的练习，他们就能成功地将这些圆柱体插回到适合它们的地方，宝宝会因为只靠自己就做到了这一点而充满成就感。这个过程开启了宝宝自我教育的进程。进行这种练习并不是要达到一个外在的、表面层次的目标。让宝宝进行圆柱体插孔训练并不是要让他们学会如何放置那些小圆柱体，而是要让宝宝学会如何去做练习。开展这种训练活动要达到的是一个内在的、深层次的目标，即让宝宝训练自己的观察能力，并引导他们对所观察的物体进行比较，从而形成自己的判断、推论和决定。这种练习能锻炼宝宝的注意力和理解力，宝宝通过不断地重复做这类练习，才能够得到真正的发展。

"三套几何立体模型"练习宝宝判断力与观察力

继圆柱体插孔练习之后的系列练习是三套几何立体模型,即粉红塔、棕色梯、长棒。

第一套:粉红塔

包括 10 个粉红色的木制立方体,立方体的边长从 10 厘米依次递减到 1 厘米。宝宝可以用这些立方体来建造一座高塔。为了避免塔倒塌时制造出太大的噪音,这个练习最好是在小地毯上进行。宝宝先把最大的那个立方体放在地毯上,然后把其他立方体一个接一个由大到小地往上放置,直到把最小的那个立方体放在顶端为止。在实际的练习过程中经常会出现这样的情形,宝宝刚把塔建好,手一松,塔就倒了,上面的小立方体掉到地上,但宝宝不会因此而沮丧,他们会重新开始把塔建起来。

第二套:棕色梯

由 10 个棕色的长方体组成。长方体的长均为 20 厘米,方截面的边长从 10 厘米依次递减到 1 厘米。把 10 个长方体散开,毫无秩序地摆在一块浅色地毯上,宝宝有时会从最厚的开始,有时从最薄的开始,把它们按大小顺序依次摆放在桌上,就像一级级的小楼梯一样。

第三套:长棒

为 10 个绿色或红蓝相间的木条,方截面相同,边长均为 4 厘米,但木条的长度从 10 厘米依次递增到 1 米。宝宝把 10 块木条散放在一块大地毯上,让它们任意混合,再通过观察和比较,把它们按照长短顺序摆放起来。

在宝宝开始自己动手摆放之前,父母可以做一些示范,让宝宝知道该怎样排列那些木块,之后,父母需要做的就是观察,不要漏掉宝宝的一举一动。当宝宝粗暴地对待这些木块或是漫无目的地胡乱操作时,父母需要及时纠正他们的行为,而当宝宝在摆放木块时出现了次序上的错误,父母不用去提醒。因为宝宝能够自己纠正他们在摆放木块时所犯的错误。有时候,宝宝在摆放长木条时会犯一些明显的、令人意想不到的错误,但这一练习的目的并不在于要求宝宝一定要把木条按正确的次序摆好,更重要的是宝宝必须自己亲手去做,因此,在这种情况下，父母也不必去干预他们。通过这个游戏，可以很好地练习宝宝的判断及观察能力。

"几何图形嵌板橱"练习宝宝辨别力

蒙台梭利学校诸多的教具中，有一个带有六层抽屉的小橱柜，即"几何图形嵌板橱"。拉开抽屉，每个抽屉里都有一个木制的方框，几乎每个方框里都插嵌着几个几何图形，所有的图形都是蓝色的，中间都配有一个圆顶小把手方便宝宝拿取，同时也可作固定之用。每个抽屉里都衬着蓝色的纸，把几何图形拿走后，抽屉底部就留下了一个一模一样的图形。那些几何图形根据一定的顺序摆放在抽屉里。

第一个抽屉中有 6 个圆形，由大到小依次排列。

第二个抽屉中有 1 个正方形和 5 个矩形，每个矩形的长度与正方形的边长相等，但宽度是依次递减的。

第三个抽屉中有 6 个三角形，它们的边长和角度都有变化，分别为等边三角形、等腰三角形、等腰直角三角形、直角三角形、钝角三角形和锐角三角形。

第四个抽屉中有 6 个多边形，边的数量从 5 条到 10 条不等，分别为五边形、六边形、七边形、八边形、九边形和十边形。

第五个抽屉中装了 6 个不同形状的图形，有菱形、梯形、椭圆形等。

第六个抽屉中有 4 块平面木板，还有 2 个不规则的几何图形，木板上没有小圆顶把手。

这套教具中，放这些几何图形的木框也是非常重要的。这几个木框和这些几何图形一起，可用来给宝宝进行第一堂平面几何图形课。蒙台梭利博士建议在刚开始的时候，先给宝宝看一些在形状上差异比较大的几何图形，接下来可以给他们看更多的几何图形，然后再陆续给他们看一些形状越来越相近的几何图形。

比如说，在第一次用木框做几何图形练习时，宝宝可以选择圆形和等边三角形，或者是圆形、三角形和正方形。他们用这些几何图形木板去填充木框中空出来的地方。慢慢地，木框中就填满了几何图形。这套教学用具本身就可以防止错误的出现，因为每个几何图形插片都只能放入它自己的位置，如果宝宝弄错了位置，插片就不能完整地正确插入。因此，经过多次的试验和尝试，宝宝最终都能正确地完成练习。这个练习能引导宝宝去比较各种不同的形状，通过具体的动手操作，宝宝能意识并发现各个插片之间的差别。这个游戏可以很好地锻炼宝宝用眼识别各种形状，提升宝宝的辨别力。

"几何立体组"练习宝宝感知能力

3～6岁的宝宝正处于自身肌肉运动逐渐形成的阶段，正是这种特殊的肌肉知觉促使宝宝自发地去运用立体知觉。他们可能会自己蒙上眼睛或闭上眼睛来分辨诸如平板、螺栓等各种各样的物体。

很多简单的练习都可以锻炼宝宝闭上眼睛辨别形状规则的物体的能力，例如，小砖块、立方体、玻璃球、硬币、豌豆等物体。宝宝能从混在一起的各类物体中挑出同类的或是彼此相似的物体，把它们单独摆放在一起。

在蒙台梭利教具中也有一些浅蓝色的几何立方体组，包括一个球体、一个棱柱、一个棱锥、一个圆锥和一个圆柱。对于宝宝而言，教他们认识这些几何体的最具吸引力的方法就是让他们闭上眼睛，凭触摸猜出物体的名字。经过这样的练习后，当宝宝睁开眼睛时，他们会更有兴趣地仔细观察物体的形状。还有一个能让宝宝对几何体产生极大兴趣的方法，就是让它们动起来：球体可以朝任意方向滚动，圆柱体只能朝着一个方向滚动，圆锥会绕着锥顶在原地转动，棱柱和棱锥只能直立不动，但是棱柱比棱锥更容易倒。

通过触摸物体形状来认识物体的过程中，让宝宝获得了极大的认识快乐，这种快乐能大大促进他们的感知能力。

左脑开发，培养逻辑分析与推理能力

❓ 逻辑思维能力

认识逻辑思维

逻辑思维能力是宝宝智力活动能力的核心，也是智力结构的核心，因而逻辑思维能力是宝宝最重要的智力因素之一。在儿童发展的早期，如果父母注意培养宝宝的逻辑思维能力，对宝宝未来的发展将起到非常重要的作用。6 岁以前是宝宝逻辑思维能力发展的萌发期和关键期，要想让宝宝更聪明、胜人一筹，需要从小培养宝宝的逻辑思维能力。

0～3 岁：宝宝的动作思维发展期

0～3 岁这个阶段，思维是依靠感知和动作来完成的。宝宝只有在听、看、玩的过程中，才能更好地进行思维。这个时期的宝宝由于生理、心理发展都不完善，逻辑思维能力的训练往往都是从最基本、最简单的做起。

首先，理解数字的基本概念。父母在教宝宝数数时，不能操之过急，应多点耐心。让宝宝一边口中念念有词，一边用手摸物品，这些物品可以是弹珠、碗、豆子等。因为宝宝能够用手触摸着物品，更能引起宝宝数数的兴趣。

其次，学习分类法。引导宝宝把日常生活中的一些东西归为一类，可根据物体的颜色、形状、用途等不同的标准来分类。父母要注意引导宝宝寻找归类的标准，即事物的相同点。这样也能够使宝宝注意事物的细节，增强宝宝的观察能力。这时父母要注意的是，应该根据这个时期宝宝的发展特点训练宝宝的逻辑思维能力。在对物体进行归类的时候，父母应该引导宝宝动手把同一类物体摆放在一起，之后再按照不同的分类标准重新归类，引导宝宝动手操作。

再次，让宝宝了解顺序的概念。这种学习有助于宝宝今后的阅读，这也是训练宝宝逻辑思维的重要途径。这些顺序可以是从大到小、从硬到软、从甜到淡，同样也可以反过来排列。如，父母可以拿来几个大小不同的苹果，让宝宝动手把苹果按大小排列起来；或者拿来软硬不同的东西让宝宝按照软硬度来排列。

当然，对于这个时期的宝宝，还有许多可以训练宝宝的逻辑思维的方式和方法，也同样有许多内容有助于提升宝宝的逻辑思维能力，如让宝宝掌握左右、前后、里外等的空间概念。其实，只要父母善于发现，做生活的有心人，拥有一双智慧的眼睛，就一定可以在生活中逐步提高宝宝的逻辑思维能力。

3～4岁：从动作思维到形象思维过渡

3～4岁的宝宝思维已经开始从动作思维向形象思维过渡。对于这个阶段的宝宝，他们的思维就可以依靠头脑中的表象和具体事物的联想展开，他们已经能摆脱具体事物或行动的束缚，能运用已经知道的、见过的、听过的知识来思考问题。虽然这个时期的动作思维仍然占很大的部分，但是形象思维也占了相当的比例，宝宝的思维活动已经可以依托一个具体形象来展开了。

在这个时期，如宝宝数1～10的时候，刚开始可能要依托或借助一些具体的物体才能完成，但是只要父母注意引导，就可以逐步地过渡到用眼睛"默数"的程度。这其实就是一种从动作思维到形象思维的简单转化。

对于这个时期的宝宝，父母可从以下几个方面来逐步培养宝宝的逻辑思维能力。首先，培养简单的看图说话的能力。在认数1的教学中，可以让宝宝说出带有数量的一句话；在认数2的教学中，通过引导宝宝说出带有数量的两句话；依此类推，逐步提高难度。在加法的学习中，通过展示图形，使宝宝说出2句话或者3句话等，通过培养语言表达能力，加深其对加法意义的认识，同时培养初步的分析综合能力。这也是逻辑思维能力的基础和重要组成部分。

其次，观察能力的培养。观察是思维的眼睛，宝宝通过观察获得表象，又通过观察进行比较异同，进而认识事物的本质。如，大小观察、种类观察、颜色观察等。观察有序能促进思维有序，使宝宝考虑问题有条有理，既不重复也不遗漏，同时使语言表达趋于条理化，促进思维能力的逐步提高。

再次，动手能力的培养。这个时期的宝宝已经从动作思维过渡到具体形象思维，但是思维仍然离不开动作和表象，培养宝宝的动手操作能力能促进思维能力的萌发。其实，培养这个时期宝宝的逻辑思维能力，还有许多的方法，父母要根据自己宝宝的特点，在与宝宝接触的过程中，一点一滴地培养宝宝的逻辑思维能力。

4～6岁：初步形成抽象逻辑思维

4～6岁的宝宝思维已经能够从形象思维向抽象逻辑思维逐步过渡，对于事物的理解也发生了各种变化。

首先，从理解事物个体发展到对于事物关系的理解；其次，从依靠具体形象的理解过渡到主要依靠语言来理解，譬如，当你用语言向宝宝描述事物时，一般情况下他都会理解；再次，这个阶段的宝宝不再停留于对事物的简单表面的评价上，已经开始对事物进行比较复杂、深刻的评价。比如，早期的宝宝在看电视的时候，他只能简单地分辨出所谓的"好人、坏人"，这时他已经能知道好在哪里，坏在哪里，还会用各种理由来说明他的看法。另外，这个时期宝宝的思维已经能够从事物的外表向内部、从局部往全面的深度去进行判断和推理，并且在不断地加深。其实，对于这个时期的宝宝，父母随时随地都可以做很多事情来促进宝宝逻辑思维能力的提升。逻辑思维是一项高级的智力活动，它有一定的规律可循，在实际操作中，父母可以多加利用。

逻辑思维能力提升小游戏

游动的小鱼：准备一些彩色玻璃糖纸，先把玻璃纸剪成小鱼的形状，在它身上画上一片片鱼鳞，再点上眼睛，一条可爱的小鱼就做好了，再准备一杯水。在游戏前，让宝宝观察剪好的小鱼，了解它们颜色、大小的差别。把用玻璃糖纸剪成的小鱼在水中浸一下，平放在手掌上，小鱼就会动起来，好像活了一样。把小鱼放进鱼缸，小鱼也能在水中一动一动。引导宝宝比较小鱼浸水前后的不同状态，感知它的动静变化。当水进入玻璃纸后，玻璃纸膨胀，就动起来了。

这个游戏能提高宝宝的观察与探究兴趣，父母可引导宝宝思考，从而提高宝宝的逻辑思维智能。

会动的图钉：准备一块吸铁石，螺丝、铁钉、曲别针、纸张、橡皮、铅笔、积木，两个小盒子，一枚图钉，塑料垫板。把铅笔、橡皮、纸张、积木放在一个盒子里，把曲别针、螺丝、铁钉放在另一个盒子里。妈妈先拿起吸铁石，在一个盒子里面吸螺丝、曲别针、铁钉等物品，引导宝宝。妈妈将图钉的底面放在塑料垫板上，用磁铁放在垫板下面移动，引导宝宝："宝宝快看，图钉会'跑'啦！"这个游戏能锻炼宝宝的注意力，还能提升宝宝认识新事物的探索欲，认识吸铁石是对铁制品有吸引力的东西，可以使铁制品移动。宝宝自己拿吸铁石的时候，父母一定要留意，避免宝宝误吞引发危险。

装尺子：妈妈为宝宝准备一个盛玩具用的铁桶和一把尺子，注意尺子的长度要大于铁桶的口径。妈妈先给宝宝做示范，引导宝宝向桶里装玩具，当开始装尺子时，如果宝宝要横着装，就装不进去，此时妈妈应教宝宝竖着装。这个游戏比较简单，却能提高宝宝的思维能力，让宝宝知道物品怎样装才能装入桶内，而且能锻炼宝宝的动手能力。

吹风机：妈妈准备一个吹风机，一盒音乐带。先放一段轻音乐，边做游戏边听音乐，可以化解宝宝的紧张感。妈妈先告诉宝宝身体各部位的名称，如"小手"、"小脚丫"，然后用凉风吹这些部位，告诉宝宝这是凉风。之后，再换成热风吹，注意不要灼痛宝宝，可在宝宝的皮肤上加上一张薄纸，降低风的强度，再告诉宝宝这是热风。此游戏能帮助宝宝判断冷、热的不同感受，从而提高其分析判断能力。

巧取食物：妈妈先准备一根细绳，一个有把的杯子，里面放上宝宝爱吃的食物。妈妈将细绳一端拴在杯子的把手上，然后将杯子放到宝宝伸手拿不着的地方，再将细绳的另一端放在宝宝面前。引导宝宝通过拉绳的办法拿到杯子，吃到食物。此游戏帮助宝宝思考如何才能吃到自己喜欢的食物，刺激宝宝对问题进行分析、思考，提高其逻辑思维能力。

给扑克牌找朋友：准备好一副扑克牌，然后和宝宝玩给"给扑克牌找朋友"

的游戏。妈妈先拿出牌中的"A"，然后问宝宝："这个像什么？""这个是什么颜色的？""它的朋友都有谁？"引导宝宝找出其他三个"A"。当宝宝找到后，妈妈别忘了赞扬宝宝，增强其自信心。然后再拿出其他数字牌，让宝宝继续找。也可以和宝宝玩接龙游戏，但数字要在 10 以下。比如，告诉宝宝："宝宝来看看这几张牌，哪个数字最大？哪个最小？"然后，让宝宝按照从小到大或者从大到小的顺序排列玩一次。妈妈也可以和宝宝比赛，看谁先排好。分类活动体现了宝宝的概括能力，是逻辑思维发展的一个重要标志，而且游戏还能为宝宝的数学智慧发展奠定良好的基础。

融化的玩偶： 准备一个制冰盒，以及可以放进制冰盒里的几个小玩具。把小玩具放进制冰盒，在盒中加水，还可以在里面加入各种颜色的食用色素，放到冰箱里冷冻。倒一盆温水，把裹在冰块里的玩具放入盆中，妈妈引导宝宝观察冰块在温水中逐渐融化的样子。当冰全部化掉时，宝宝会对那些小玩具充满新奇感。

以上游戏能够提高宝宝的探究兴趣，不仅能锻炼宝宝小手的灵活性，还能刺激宝宝思考、推理，从而提高宝宝的逻辑能力。

❓ 数学能力

认识数学能力

数学能力是指通过对不同大小、长度、宽度、量、周长的事物进行观察，掌握事物排列规律的能力。通过数学能力的培养，可以提高宝宝的条理性发展，能根据事物的发展规律，遵循一定的秩序，对事物进行分析和研究，提高思维条理性的能力。

宝宝天生喜欢数学

根据蒙台梭利博士的观察，宝宝不仅对高度准确性的活动感兴趣，还相当热衷，而且越复杂兴趣越浓。这种要求准确性的活动不仅在动作中出现，也会出现在宝宝观察花卉、昆虫的体会中。宝宝这种追求准确、深入细节的要求是一种天性，而且还会向数量方面发展。因为算数是一种抽象的活动，这样也就把准确性带到了抽象层面。宝宝由具体的实物开始，渐渐迈向抽象的代数，其中都会遇到准确性的问题，由于十分着迷，会使他充分了解这些"单位"的游戏。

学习数学要从精准性开始

蒙台梭利博士发现，在学校中多数的学生觉得数学课简直就是一种煎熬，因为许多人对数学产生了一种恐惧或厌烦的心理障碍。但是，如果在其儿童时期就把"精确"的观念和对于数学的兴趣深深植入到宝宝的大脑里的话，那么情况肯定就会完全不一样。现在许多人对数学没有兴趣，是因为在他们的儿童时期的环境中根本就没有与数学精确有关的东西。大自然中有树、有花、有动物，却没有与数学有关的东西。

宝宝的数学倾向可能会缺少发挥的机会，进而影响了以后的发展。因此，我们有必要让宝宝尽早地接触到"精确"的事物，让他们了解抽象物质或基本数学。

宝宝大脑的精确性从一开始就表现出来了，这不但体现于宝宝在行为精确性的要求上，而且体现在宝宝早期生活中对秩序、规则的高要求上。宝宝对事物的摆放是否有序、事物的位置是否恰当都是非常敏感的。也就是说，他通过一些行为了解周围环境时，留在宝宝记忆中的只是那些具有一定规律的东西，否则，宝宝就无法集中注意力。这所有的一切都是宝宝了解数学的最初形式。

了解几何图形可以让宝宝更好地认识数学

让宝宝了解事物的一些基本的形状，可以让宝宝更好地认识数学。我们首先要以两个对比强烈的图形开始，比如，介绍方形和圆形给宝宝认识。父母可以告诉宝宝一些确定某个几何形状的技巧，比如，长方形的两边，一边长一边短，而正方形的四条边都是相等的。其次，我们可以将正方形随意颠倒，但它还是可以成功地放置在框架中，但是长方形则不同。通过同样的方式，我们可以说明椭圆、卵圆和圆之间的不同。对于圆来说，无论怎样放置或者旋转，它都可以放到框架当中去。

或许有很多人认为，这样教授宝宝认识几何的形状和特点有些过早，但是蒙台梭利博士认为，去观察一个几何图形并不是去分析一个几何图形，也不是解析几何的开始；对于 3～6 岁的宝宝来说，对几何图形进行观察并不算过分。因为，当宝宝坐在餐桌旁时，他们就会看到餐桌是长方形，盘子是圆形。给宝宝呈现一些实在的而非平面的几何图形会更加适合他们，比如，给他们提供一些立方体、半球体和棱柱实体等。我们把有关这一问题的生理学方面，也就是对现实图形的视觉认知要比平面图形复杂得多先放在一边，仅仅从实际生活的教学观来看这个问题。

生活中的实物教学与直观教学

我们每天所看到的大量物体，呈现给我们的几乎都是平面几何中的各个方面。实际上，门、窗户、大理石或者木制的桌面，这些都是实在的物体。但是，如果我们取消掉其中的一个维度，只由两个维度来确定平面的形状，这样的话图形就会更加明显。所以很自然地，我们可以教授宝宝关于立体实物的比较。

比如，我们可以拿出所有同样高度的圆柱体，将它们在桌子上一个挨一个水平排开，接下来把最粗的和最细的拿出来，说："这是最粗的，这是最细的。"之后我们把这两个圆柱体放在一起，使它们之间的对比更加强烈。接下来，我们将这两个圆柱体按照垂直方向进行放置，目的是为了说明它们在高度上是一样的。按照这样的方法，我们可以教授宝宝认识物体的粗细、薄厚、长短，或者是他们的体积大小等。宝宝会不由自主地将比较运用在生活当中，比如"我是高的，你是矮的"。当然，有些时候它们的比较词语会用得不恰当，他们会说："我是长的，你是细的。"但是没关系，只要这样的感知训练继续进行，他们会将这些比较词语用得恰到好处。

在很多家庭，当父母最开始教宝宝计算时，为了让宝宝能有一种直观的感受，父母会利用各种各样的小东西来帮助宝宝学习计算，比如，豆子、糖果、玻璃球等。以 "8+2" 的计算为例，父母会引导宝宝先从糖果盒里数 8 个糖果拿出来，然后再从盒子里拿出 2 个糖果。

但这样一来，宝宝脑中正常的印象和感觉就不是做了 8+2 的运算，而是做了 "1+1+1+1+1+1+1+1" 然后再 "1+1"，得出的结果也需要宝宝一个一个去数，从 1 一直数到 10。同时，宝宝还必须努力在脑中牢记这样一个概念：8 个糖果作为一个联合整体，是与一个单个的数字 8 相对应的。这种努力常常会使宝宝的能力倒退，可能会使他们对算术的理解力推迟几个月甚至几年。

蒙台梭利式数学教育

蒙台梭利用于教授宝宝数学的教具有这样三套：教宝宝认识长度的教具、教宝宝认识厚度的教具和教宝宝区分大小的教具。每一套中各有十件教具，十件教具之间都成一定的比例关系。

(1) 帮助宝宝认识长度的 10 块木块（数棒）。

教宝宝认识长度的一套教具为十个长短不一的木块，其中最短的木块长 10 厘米，代表一个基本长度单位，其他所有木块的长度都是它的倍数：第二块木块是第一块的 2 倍，第三块是第一块的 3 倍，依此类推。每块木块上两个相邻的 10 厘米长度内会涂上不同的颜色相间隔，这样，一块木块有几个基本长度单位可以直观地看出来。每个木块除了长度之外，其他的尺寸都保持不变，也就是说，所有的木块截面都相同。这十块木块之间保持着一定的联系，这种联系与 1、2、3、4、5、6、7、8、9、10 等计数的自然序列完全相同。

(2) 帮助宝宝认识厚度的 10 个棱柱（棕色梯）。

第二套为教宝宝认识厚度的教具。这套教具包括十个棕色的棱柱，十个棱柱的长度一致，但方截面有变化，方截面的边长随着自然计数的序列变化，也就是说，第一个棱柱的正方形截面边长为 1 厘米，第二个为 2 厘米，第三个为 3 厘米，依此类推直到第十个棱柱，它的正方形截面边长为 10 厘米。因此，棱柱之间的比例与平方数序列相同（1、4、9、16 等），第一个棱柱的边长为 1 厘米，那么四个这样的棱柱能构成边长为 2 厘米的第二个棱柱，九个这样的棱柱才能构成边长为 3 厘米的第三个棱柱。因此，这套教宝宝认识厚度的十个教具成如下比例：1：4：9：16：25：36：49：64：81：100。

(3) 帮助宝宝区分物体大小的 10 个立方体（粉红塔）。

第三套教具帮助宝宝区分物体的大小，具体包括十个粉红色的立方体。立方体的边长根据数字顺序依次递增，即第一个立方体的边长为 1 厘米，第二个立方体的边长为 2 厘米，第三个为 3 厘米，依此类推至第十个立方体，它的边长是 10 厘米。因此，这些立方体体积之间的比例就是从 1 到 10 这个数列的立方乘积之比，即 1 ：8 ：27 ：64 ：125 ：216 ：343 ：512 ：729 ：1000。也就是说，要凑足边长为 2 厘米的第二个粉红色立方体，就需要 8 个边长为 1 厘米的第一个粉红色立方体，要凑足边长为 3 厘米的第三个粉红色立方体，则需要 27 个边长为 1 厘米的第一个粉红色立方体。

了解数字符号让宝宝进步飞快

向宝宝教授了实际的数字符号之后，宝宝就能实现从使用木块向使用独立的单位进行计算的飞跃。宝宝了解数字后就可以将其用于抽象概念，而木块则用于具体概念。也就是说，数字代表了一定数量的独立单位可以结合成的一个整体。当宝宝认识了数字符号，完全了解数字所代表的意义后，他们就可能用数字代替具体的小木块了。只使用现有的木块，宝宝的算术就会被限制在 10 左右的简单运算，在意识的建立过程中，这些运算只比那些简单的、初级的感知教育向前推进了一点点。数字，是单词、是汉字、是图形符号，它会让宝宝的数学思维在其进化过程中取得无限的进步。

强化数字概念的练习

为了能让宝宝将数字和语言结合起来使用，蒙台梭利博士设计了两个像托盘或是小抽屉一样的浅底小木盒，每个盒子里被 4 块小木板分隔成并排的 5 部分，每部分的底面上都有一张贴着数字的卡片。第一个盒子中的数字分别是 0、1、2、3、4，第二个是 5、6、7、8、9。练习很明确，就是要在每个部分里面放上和数字相应数量的物体。我们会给宝宝各种各样的小物品，为的是制造各种变化，这样宝宝就不会把数字与某种特定的物品错误地联系在一起。现在以小木棍为例。我们给宝宝一些小木棍，一个小木棍代表数字 1，依此类推。当宝宝完成之后，会把小木盒拿来给老师检验是否正确。就像我们预料的那样，宝宝会指着写有 0 的盒子分隔问："我要在这里面放多少呢？"这时就告诉他们："一个也不用放，

0就是没有。"但一般来说这还不够，这个概念还需要得到进一步的强化，才能加深宝宝对0的理解。

数字与意志力的练习

当宝宝已经认识了书写的数字，并且知道这些数字所代表意义的时候，父母可以和宝宝进行下面的练习。父母可以自己制作一些卡片，然后贴在卡片上，叠好放在盒子里。游戏规则是：宝宝从一叠卡片里抽出一张，回到自己的座位上，打开卡片，看完后再将卡片叠好，并且不让别人知道。接下来，可以让宝宝一个接一个来到桌子边，桌子上准备了各种各样的小物品，宝宝可以根据自己卡片上的数字来拿相应数量的物品。

在最开始进行这个游戏的时候，宝宝经常会比卡片上所写的数字多拿一些，这并不是因为他们记不住数字，而是因为他们想要拥有更多的物品。这时父母就要向宝宝解释，告诉他们就是把所有的物品都拿过来也没有用，因为这个游戏的规则就是要拿取卡片上所要求数目的物体。慢慢地，宝宝开始明白了这一概念，但这个转变过程并不简单。因此，蒙台梭利博士认为这个游戏不但是一种数字练习，更是一种意志力的锻炼。

提升数学能力小游戏

盒子里的礼物：妈妈为宝宝准备3～6个不同尺寸的盒子，由小至大叠套在一起，让宝宝将自己喜欢的小玩具或爱吃的食物放进最小的盒子里。盖上盒盖，把它放进较大的盒子里，再盖上较大盒子的盖。以此类推，按顺序把盒子放在更大的盒子里，直至放到最大的盒子里。给宝宝看这个大盒子，告诉他："我要送给你一件礼物，它就在盒子里。"然后引导宝宝一一打开盒子，直到最小的一个盒子被打开，宝宝得到礼物。让宝宝试着按照大小顺序把几个盒子再放回去。

分苹果：妈妈和宝宝坐在桌子旁，指着桌子上的苹果问："宝宝，这是什么？"宝宝回答正确后，妈妈说："对，这里有许多苹果。"妈妈让宝宝拿一个苹果，要求宝宝："拿一个苹果给妈妈，好吗？"当宝宝做对以后要给予表扬；妈妈告诉宝宝："宝宝再拿一个苹果送给爸爸。"宝宝做完后，爸爸也要表扬宝宝；妈妈再告诉宝宝："宝宝拿第三个苹果给奶奶。"宝宝做对了，奶奶也要表扬宝宝并做出亲热的表示。然后妈妈问宝宝："宝宝一共拿走了几个苹果啊？是3个吗？都给谁了？"妈妈引导宝宝回答。此游戏可初步引导宝宝感受1、2、3等数字，同时通过游戏还能培养宝宝与人分享的情感。

排序游戏：妈妈准备三辆不同造型、不同颜色的玩具小汽车，硬空心纸筒一个，宽度以能让小汽车穿过为宜、长度超过三辆小汽车的长度。妈妈用线将三辆小汽车连在一起，让宝宝观察，然后将汽车拉进纸筒，提醒宝宝要注意是什么颜色的汽车先开进"山洞"的，第二辆开进"山洞"的汽车是什么颜色，最后开进"山洞"的汽车是什么颜色。当汽车全部拉进纸筒后就停下来。问宝宝："汽车出洞了，宝宝来猜猜第一辆出来的是什么颜色的汽车？""第二辆是什么颜色的？""第三辆呢？"引导宝宝拉线的另一端再将汽车倒拉回去，拉前要问宝宝："前方堵车，要倒车了，什么颜色的车先出来，然后是什么颜色的？"然后再拉线，看看宝宝的猜测对不对。也可以打乱顺序重复游戏，或者和宝宝轮流猜颜色。此游戏能帮助宝宝学习排序，让宝宝感知数、量以及次序等数学知识，逐渐丰富其数学体验。如果游戏几次后宝宝对玩具汽车感到厌烦了，父母也可以用其他不同颜色的玩具代替。

手指数数：给宝宝一个娃娃，妈妈边给边说："宝宝，1个娃娃。跟妈妈一起说，1个娃娃。"妈妈用一根手指表示1，边做边说："1个娃娃。"妈妈要鼓励宝宝模仿自己，如果宝宝做不到，妈妈要帮助宝宝来做。妈妈教宝宝用同样的方法学习数字2和3。逐渐不用玩具，培养宝宝听到"1""2"就会用手指表示。妈妈还可以培养宝宝用手指表示自己的年龄，如教宝宝伸出食指，说"1岁了"。

衣服分类：妈妈把洗净晾干的衣服堆放在床上或干净的地板上，然后告诉宝宝，把这些衣服分类放好，把妈妈的衣服放在一起，把爸爸的衣服放在一起，然后把宝宝的衣服放在一起。如果宝宝在分类整理的过程中遇到了困难，妈妈可以提醒宝宝说："想想看，这件衣服是谁的？"分类后，只留下爸爸的衣服，如衬衫、裤子、袜子等，对宝宝说："这是爸爸明天上班要穿的衣服，他该怎么穿呢？"妈妈引导宝宝正确地为爸爸的衣服排序，将衬衫、裤子、袜子等依次摆好。妈妈还可以让宝宝为自己"设计"一套外出的装扮。

"画"数字：当宝宝学习涂画竖线时，妈妈可以夸赞宝宝："宝宝会写 1 了，宝宝真聪明。"宝宝会很高兴地再写几个"1"。有时宝宝会画两个大弯，这样妈妈也可以告诉宝宝："宝宝会写 2 啦！"然后鼓励宝宝再多写几个"2"。若宝宝连续画两个弯，可以告诉宝宝写的是"3"。以此类推，让宝宝多学写几个数字。

以上游戏不仅能锻炼宝宝的探索欲望，还能培养宝宝分类、整理、排序等能力。父母要耐心地为宝宝做示范，这样宝宝才能帮助掌握各种事物之间的排列、分类规律，发展其数学智能。

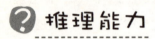 推理能力

认识宝宝推理能力

对于宝宝来说，推理能力是指宝宝可以通过对问题的思考，找到有用的答案。宝宝逻辑思维的发展，主要表现在判断推理能力的发展。要使宝宝的智能得到更好的发展，应该在认识自然的过程中发展宝宝的概括和推理能力。在幼儿时期，宝宝已经具备了对生活中熟悉的事物进行正确推理的能力，但限于经验贫乏，他的推理经常不合逻辑，还表现出经常用自己的生活逻辑和主观愿望来替代事物和现象本身客观逻辑的特点。

如何让宝宝获得推理能力

培养宝宝的推理能力，首先要丰富宝宝的生活经验，使他积累大量的事物和现象的印象，打好正确推理的感性基础。其次，要让宝宝进行分类、理解、概念形成方面的练习，使他的思维活动逐步摆脱具体形象的知觉限制，逐步地由半逻辑思维过渡到逻辑思维，进一步完成正确的推理。再次，对于宝宝的错误判断和推理要以巧妙的方式指出来，并让他自己逐步地理解、纠正。例如，有的宝宝一清早打开窗户，看见太阳从地平线上升起，他就会认为打开窗户引起了太阳的升起。对此，父母可带他到户外、山顶观察日出，使他理解并纠正自己的错误推理。

从日常生活中培养宝宝的推理能力

培养宝宝的逻辑推理能力，需要从宝宝很小的时候就开始实施。拥有良好的逻辑推理能力，能够让宝宝在今后的数学、物理等理科方面的学习更得心应手，同时也有利于高智商宝宝的培养。在日常生活中培养宝宝的推理能力，父母可以从以下几方面进行：

(1) 学习分类法。即把日常生活中的一些物品根据某些相同点将其归为一类，如根据颜色、形状、用途等。父母应注意引导宝宝寻找归类的根据，即事物的相同点。从而使宝宝注意事物的细节，增强其观察能力。

(2) 认识大群体与小群体。应教给宝宝一些有关群体的名称，如，家具、动物食品等。使宝宝明白，每一个群体都有一定的组成部分。

(3) 了解顺序的概念。这种学习有助于宝宝今后的阅读，这是训练宝宝逻辑思维的重要途径。这些顺序可以是从大到小、从硬到软、从甜到淡等，也可以反过来排列。

(4) 建立时间概念。宝宝的时间观念很模糊，掌握一些表示时间的词语，理解其含义，对宝宝来说，无疑是必要的。当宝宝真正清楚了"在……之前"、"立即"或"马上"等词语的含义后，宝宝也许会更规矩些。

(5) 理解基本的数字概念。不少学龄前宝宝，有的甚至在一岁半时，就能从 1 数到 10，甚至更多。与其说是在数数，不如说是在背数。父母在教宝宝数数时，不能操之过急，应多点耐心。让宝宝一边口里发声，一边用手摸摸物品，然后过渡到用眼睛"默数"。日常生活中，能够用数字准确表达的概念，父母应尽量讲得准确。同时，还应注意生活中的数字关系，帮助宝宝掌握一些增加减少的概念。

有助于宝宝提升推理能力的小游戏

水果做的潜水艇：妈妈准备一个盛满水的透明水杯，一块橘子皮，以及大气球、剪刀、细绳。将橘子皮剪成小长块，放进装满水的透明水杯中，再剪下一大块气球皮，绷紧后蒙住杯口，用细绳固定住后，让宝宝用手指按杯子上的气球皮，宝宝会发现橘子皮往下沉；放开手指后，橘子皮就会又浮上来。这时妈妈要告诉宝宝：橘子皮小孔中含有空气，当按压气球皮时，小孔里的空气被挤压排出，橘子皮就会下沉；当松开气球皮时，空气就会再进入橘子皮，橘子皮就会再浮上来。

美食悬念：准备 4 种宝宝爱吃的食物，4 条彩色丝带，每条约 40 厘米长，还有透明胶带和高脚婴儿椅。将 4 条彩色丝带分别系在 4 种食物上，然后用透明胶带将 4 条丝带的另一端分别固定在高脚婴儿椅的椅面上，好吃的食物则悬在椅子下面。让宝宝坐好，然后引导宝宝拉丝带，将丝带一点点地提起，直到食物被提到椅面上来。当宝宝把食物提到椅面上时，妈妈要鼓励宝宝："宝宝做得真棒，能把苹果拉上来！"然后奖励宝宝吃掉食物。

给小鸡开门：妈妈故意将拴着绳的玩具小鸡关在门外。然后将绳头交给宝宝，并问宝宝："小鸡被关在门外怎么拉进来？"宝宝肯定会使劲地拽绳头，这时妈妈应说："要是把你关在门外怎么办？"引导宝宝思考。如果宝宝想不出办法，妈妈就可以引导宝宝说："开门后是不是小鸡就能进来呢？"一般宝宝就能联想到开门，如宝宝想不到，妈妈就得再进一步启发。

是谁的影子：准备一些动物的彩色图片和影子图卡，并把它们配对放在一起。妈妈可以直接在图画纸上描出动物的外形，并涂成黑色当做影子，引导宝宝寻找每个动物的影子，告诉宝宝通过影子的轮廓就能推理出它原来的样子。可以妈妈找一个，宝宝找一个，比一比看谁找得多。

分类练习：给宝宝一个装有螺钉、螺母、螺栓和洗涤器的罐子，首先要求宝宝将这些东西分成 4 组，然后让他从螺钉中挑选所有小头螺钉放在一起，挑选出所有的大头螺钉放在一起，接着根据大小来进行更细的分类，甚至可以教宝宝按外用和内用的不同进行分类。这种练习有助于宝宝根据他所见到的和他能够分析得出的物品的用途和特征来组织安排和做出决定。

以上游戏可以锻炼宝宝敏锐的思考、分析以及反应能力，让宝宝在最短时间内做出合理正确的选择，从而提升宝宝的推理能力。

第三节
右脑开发，培养形象思维与艺术创造力

❓ 音乐能力

认识音乐能力

欣赏音乐、参加音乐活动等，对宝宝的心理可以产生其他学科无法比拟的刺激，使得宝宝的情感激发表现得更为直接和强烈。而这种情感的冲动，可以促进宝宝智力的发育，激发宝宝的创新思维潜能。

在宝宝欣赏音乐时，会对节奏、音高、力度、音色等方面有一定的辨别能力，这就使宝宝在听觉方面有很好的提高和加强。当然，在这个过程中不单单是靠听，宝宝在学习歌曲和律动练习时，必须在记住歌词和动作的前提下才能够进行，这又有效地促进了宝宝记忆力的发展。

宝宝通过感知，将自己所听到的音乐传入大脑，会产生一种特殊的不同凡响的情感体验，增添宝宝的兴奋情绪和积极动力。宝宝经常接触音乐，受到音乐的熏陶，可以使宝宝心情愉悦，内心平静。音乐对于宝宝情感的发展起到了很好的调节作用，使他们对事物美的认识更进一层。

了解宝宝音乐潜能的不同阶段

宝宝的音乐能力不会凭空产生，只能在环境刺激与教育的作用下逐渐发展起来。了解宝宝音乐潜能的发展阶段，在适当的时候给予宝宝适当的刺激，能够为宝宝音乐能力的发展打下良好的基础。

4～18个月的宝宝是音乐能力发展的前阶段。这时，宝宝的咿呀学语声逐渐增多，发音能力也将在父母对他的说话和歌唱过程中不断得到激发。6个月以后的宝宝几乎可以像成年人一样去听音乐和关心各种声音。1岁多的宝宝倾听、区别声音的能力有所发展，他们能准确地分清声源，迅速地分辨出差别较小的不同声音。能听出音乐的音调，并能哼出歌来，但哼出的音调却是一样的。这个时期的宝宝已经能随着音乐跳舞，但动作笨拙，十分可爱。

到了1岁半，幼儿的音乐生活便出现了一个重要的转折。他们初次开始独自发出探测各种小停顿的点状的音的序列，还"发明"了一些难以记录的自发歌曲，不久又开始发出从周围熟悉的歌曲中听来的小片断或独特的旋律短句，这便是幼儿歌唱与节奏活动的正式开端。这期间，宝宝对声音探索的好奇与能力一并增长，周围环境中各种有趣的声音将继续吸引他们。随着宝宝语言技巧的发展和身体自身活动能力的增加，他逐渐有能力去寻找他所喜欢的声音的位置。这时，他还会对某些有趣的音乐表现出特殊的爱好，像电视广告中的某些快节奏的音乐片断就会使他着迷。如果他能够在家里或幼儿园里听到并接触到吉他、电子琴或其他乐器，他会感到非常神奇和快乐。

2～3岁的宝宝能很快地模仿一首歌曲中较长的旋律片断，并且开始尝试着伴随音乐"跳舞"。他们特别喜欢节奏鲜明的声音，随着音乐他们会自发地点头、跳跃、转圈、摇摆和摆动手臂等。在进行一些他们所喜爱的音乐游戏时，注意力集中的时间会明显增加，并能安静地坐着或躺着倾听音乐，每次都能持续几分钟，还能学会遵守简单的游戏规则。从这一年龄阶段开始，宝宝逐渐开始对真实的乐器发生兴趣。起先，他会表现出对听乐器演奏和录音音乐的兴趣。在此基础上，如果能接触到一些能够发出好听的声音的乐器时，像沙钟、铃鼓、木鱼、三角铁、小铃、小鼓等，他会兴致盎然地敲敲打打，这将为他节奏能力的发展和今后的乐器学习打下一个良好的基础。

提高音乐能力小游戏

一起哼节奏：平日里，当宝宝跟父母一起看电视时，宝宝会逐渐记得一些正在播放的电视剧的前奏，甚至有时还会哼上几个音调，此时妈妈要给予鼓励。妈妈也可以给宝宝准备一些儿童歌曲，放给宝宝听，并鼓励宝宝哼出来。每次当宝宝哼出来几个音调时，妈妈要及时鼓励宝宝。

敲鼓高手：妈妈准备好各种用具，并放置在宝宝可以碰到的地方。妈妈先带领宝宝敲击一种小乐器（游戏用具），并鼓励宝宝一起敲打；然后，妈妈开始有节奏地带领宝宝模仿敲打；当宝宝发现这是一个很有趣的游戏时，妈妈可以播放一些节奏简单的音乐，并让宝宝继续敲打，以增加宝宝对音乐的感受力。

吹口琴：妈妈用口琴做示范，吹出优美的声音，然后将口琴交给宝宝，让宝宝学着妈妈的样子自己吹。开始时宝宝可能吹不出声音，妈妈要在宝宝身边耐心指导，反复几次后宝宝就能吹出声音了。当宝宝能吹出声音的时候，妈妈要多鼓励宝宝，并随着宝宝吹出的"音乐"打拍子或跳舞。然后再换妈妈来吹，让宝宝随着音乐打拍子或者跳舞。练习熟练后，宝宝会吹出很多不同的音调。

学唱一首歌：妈妈先让宝宝听一首完整的儿歌。妈妈一句一句教宝宝唱这首歌，并提醒宝宝要跟着节奏唱，比如唱《春天来》。当宝宝学会后，妈妈要求宝宝一边唱一边跟着妈妈做动作。最后，妈妈唱上半句，宝宝唱下半句，一起来唱儿歌。

音乐按摩师：在游戏开始前，父母先给宝宝播放10分钟他爱听的音乐；然后把宝宝放在大床或地板上，开始根据音乐的节奏给宝宝做一些身体上的准备运动；根据音乐对宝宝进行从头到脚的按摩；妈妈在宝宝按摩的时候要注意节奏，每一个身体位置可以停留15秒钟；妈妈可以因宝宝的情绪表现增加速度，让宝宝感受音乐节奏的快和慢。

风之乐章：妈妈跟宝宝坐在地板上并播放音乐。妈妈手拿着纱巾根据音乐的节奏来挥动；妈妈鼓励宝宝用手去拿纱巾，也可以把纱巾放在宝宝的头上，让宝宝把纱巾掀起来。

随音乐绘画：妈妈把大张画纸放在地板上，并播放音乐；然后，在宝宝的小脚上涂上颜料；开始的时候，妈妈可以拉着宝宝的小手，让宝宝根据音乐的快慢在纸上跳舞；然后，再添加更多色彩的颜料，让宝宝继续根据音乐的节奏在纸上用小脚绘画。

乐器演奏会：妈妈挑选一些钢琴、小提琴、小喇叭等乐器的独奏曲，每次让宝宝听一种乐器；边放音乐给宝宝听，边告诉他那是什么乐器的声音，然后叫宝宝模仿一下该乐器的弹奏动作。

父母在家中和宝宝做音乐游戏，能更好地帮助宝宝发展音乐能力。以上游戏可以激发宝宝学习音乐的欲望，使其产生积极、愉快的情绪，充分发挥想象。把音乐同宝宝的生活融为一体，通过游戏活动，可以让宝宝轻松愉快地学习。

？ 想象力

认识想象力

宝宝虽然没有父母那么多的知识经验，却可能更富有想象力，因为他们很少有固定的"答案"与思维模式。幼儿期是宝宝想象力最丰富的时期，许多宝宝可以由一个事物联想到多个与此有关的事物，这就是想象力的开端。从小培养宝宝的想象力，对宝宝未来的成长十分重要。

培养宝宝想象力的三大要素

第一要素：给宝宝自由。给宝宝自由就是不要让学习充塞他们休息和娱乐的时间，导致他们厌学，或对生活萌生抵触情绪。给宝宝自由，不是以成人意愿为出发点，而是要顺从宝宝的天性，珍惜宝宝的学习热情，保护他们的好奇心，重视激励他们的生活和学习兴趣。要做到这点，需要父母改变一元化教育观，鼓励宝宝多元化地自我表现，及时抓住宝宝的闪光点加以肯定，保护宝宝的好奇心，让他们的好奇心不仅不被扼杀，而且能转化成求知欲再发展成学习兴趣。

第二要素：要求宝宝独立思考。随着宝宝的成长，父母首先要学会逐渐放手，引导宝宝试着靠自己的智慧去独立解决力所能及的事。其次，鼓励宝宝去寻找问题的答案，别用父母的思考代替宝宝的思考，更不应该把自己的答案强加给他们。要求宝宝独立思考，并非父母可以甩手不管，而是应该花时间和精力，用可行的办法引导他们自己找到答案，既促进亲子交流，又让宝宝学习思考。

第三要素：鼓励宝宝实践。想象是人脑对已有表象进行加工改造而形成新形象的过程，它的特点是在记忆表象的基础上产生和超脱现实。所以，让宝宝独立思考的同时，提供他们亲历亲为的机会就显得弥足珍贵，让他们勤看、勤听、勤动手、勤动脚也很重要，比如，鼓励他们多看课外书、多接触大自然、拆装一些物品等，都可以增加表象的积累，有利于增添想象的乐趣。

想象力的培养不能脱离现实

想象力的培养必须与现实环境相结合，否则都是空想和幻想。宝宝对没有见到事物无法开展很好的想象力，父母要经常把宝宝带到户外，让宝宝多观察事物。

蒙台梭利博士曾对宝宝的想象力进行过这样一个实验。她把一张地图拿给一个6岁的宝宝，并且告诉他："这是地球。"之后，蒙台梭利告诉他，地图中的海洋用深青蓝色表示，地表用发光的碎末表示。这时这个宝宝突然指着地图说："这是陆地。""这是海洋。"宝宝无法通过周围环境中的事物发挥想象力，但是他们却看懂了地图。如果他们在大脑里形成了这一概念，那他们肯定是通过大脑里某种未知的力量得出的，也就是想象力。3～6岁的宝宝不仅能够区分事物之间的关系，他们还能发挥想象力，想象出不能直接看到的东西。

有一次，蒙台梭利博士曾经看到一群6岁的宝宝站在地图前面讨论，这时一个3岁半的宝宝挤了过来，说："让我看看，这就是世界吗？""是的。"稍大一点的宝宝说。听到他的回答，这个年龄稍小一点的宝宝看起来有些吃惊，接着说："现在，我知道了。我叔叔曾经环游世界三次呢！"这说明他知道这只是一个模型而已，真实的地球是很大的，他肯定是在以前别人的谈话中听到过。

当宝宝了解了地图的意义后，再听到某个地方的时候，他们就渴望能在地图上找到这个地方。就像一个宝宝曾经多次听到过美国，当他听到有人把美国与地图联系在一起时，他会突然停下来去看，他的表情好像在说："我已经发现了美国。"将他所看到的东西形象化，就像宝宝以前认识物质世界一样，要经历一个很困难的阶段。直到最后，宝宝把想象中的词汇与真实的东西联系起来。

如何让宝宝发挥真正的想象力

首先，宝宝的想象力从对现实的观察开始。我们应该让每个宝宝都亲自参与实验、观察，使他们与现实紧密联系起来。这样，他们那想象的翅膀就可以从更高的基点起飞，他们的智能也能被很自然地引向创造之路。蒙台梭利博士提出，培养宝宝的想象力的最佳办法，就是让他们先学会观察和感受那些实实在在存在的东西，再去感受大自然中我们还没有发现的奥秘。因为对于那些未呈现于我们感官面前的东西，我们是无法"想象"出来的，因为我们的意识往往被限制在经验的范围内，我们的语言在解释那些超越经验的事情时总是显得那样贫乏。

其次，让宝宝与外界接触。宝宝不可能永远停留在虚幻的状态之中，因为我们见到他们对伟大的艺术作品极感兴趣，对科学发明津津乐道，沉浸于需要丰富想象力的作品里。也正因为如此，我们应为宝宝才智的成形提供更多这样的环境，而不是去限制他与外界的接触，甚至是扼杀他们的想象力。虽然在智力发展的朦胧阶段，宝宝会被一些奇妙的幻想所吸引，但是这只是最初的状态，我们对宝宝想象力的发展千万不要过分控制。

不要抹杀了宝宝的想象力

宝宝的心理其实与他们所见到的东西不是完全吻合的。他们的感觉类型不只是一种直观感觉，因为宝宝的想象力非常丰富。有一次，蒙台梭利博士向宝宝讲解教科书上关于植物根的分类，并通过挂在墙上的图片向宝宝进行讲解。其中一个小宝宝对这个图解非常好奇，指着挂图让她解释。后来，蒙台梭利博士发现花园里的所有植物都被那个小宝宝拔了出来并研究了一遍。倘若这种事情发生在我们的家庭中，父母一定会气得跳脚。但是在蒙台梭利博士的眼中，她觉得是这个小家伙对植物的根着了迷，应给予鼓励，这样才能让宝宝的想象力得到充分发挥。

想象力提升小游戏

神奇的小房子：在房间空闲位置上摆放一张轻便的小餐桌，妈妈用床单或毯子等覆盖物把桌子盖起来，桌下便形成一个小房间，将覆盖物的一角向上折起，作为小屋的门，妈妈和宝宝一起进入这个新奇的小屋。妈妈还可以和宝宝在小屋子中玩捉迷藏的游戏，先让宝宝藏在里面，妈妈找；然后再换妈妈藏在里边，让宝宝找。妈妈也可以在这个小屋子中放一些小文具和小乐器，让宝宝自己探索这个有趣的小房子。

摸摸是什么：准备一只大箱子，在箱子的两边各挖一个足以让宝宝手臂伸进去的孔，然后在箱子里放入几样物品。妈妈先将手伸进一边的孔，边伸边说："这里边会有什么宝物呢？我要摸个宝物出来。"宝宝也会模仿妈妈的样子，将手伸进另一个孔。妈妈一边摸物品，一边对宝宝描述物品的大小和形状："这是个方形的东西，是硬的，会是什么呢？""宝宝都摸到什么了？快跟妈妈说说。"引导宝宝说一说他摸到的东西的形状、大小等。宝宝和妈妈一起触摸物品，能更仔细、生动地彼此分享关于物品的感觉和特征。

画山水：妈妈一同和宝宝观看一些山水画，并用笔来描画。妈妈可以引导宝宝画曲线，并且告诉宝宝："这样的曲线就表示大山。"然后引导宝宝连续画几条曲线，并告诉宝宝："很多的山连起来，就是群山。"再让宝宝仔细看画中的水，然后画一些水平线代表流淌的水。还可以画几条斜线，代表从山上流下的水。宝宝记住这些基本的画法后，可以让他自己试着创作画。

通过以上游戏，可以帮宝宝在现实的基础上，合理地去想象。想象力的发展与宝宝的注意力、观察力、记忆力等方面有很大关系。父母要为宝宝提供丰富的生活经验，鼓励宝宝充分发挥想象力，引导宝宝把自己的生活经验融入到想象活动中，这样，宝宝想象的翅膀才会更有力量。

❓ 情感能力

认识情感能力

人的成功与否与情感能力有很大关系。情感能力优秀，控制情绪能力强，做事成功的概率就大。有的宝宝遇到困难就哭、时常发脾气等，这些都是情感能力控制不强的原因。

情感总是处于愉悦状态的宝宝，能促进其身心发展和良好个性的形成；能更冷静、更客观地对待困难和挫折，并寻找办法战胜它们；能够调节、控制自己的不良和消极情绪，保持积极的心态；能够敏锐地觉察别人的情绪，具有同情心；能够与人愉快地合作，人际关系融洽。

情感总是处于低落状态的宝宝，其前进的动力、决心和成功的欲望更容易受到压抑和摧毁，这将阻碍他们发展学习的能力；活动起来动作缓慢、反应迟钝、效率低下，易感到劳累、精力不足。

　　婴幼儿阶段是情感培养的关键期，2岁之前的情感培养关系到宝宝以后智力、意识和整个人格的发展。这一时期，宝宝的情绪不稳定，智力活动和行为很容易受情绪的支配和影响。因此，关注宝宝的情感发展，培养宝宝控制、调节自己情绪的能力至关重要。

宝宝情感表现的三个方面

　　(1) 情感表达。宝宝在出生的时候，就会表现出对事物的喜欢与厌恶；到1岁后，他们就能够表达内疚和蔑视等复杂的情感了。

　　(2) 情感识别。1岁甚至更大的宝宝已能察言观色，能够对父母和陌生人的情感做出不同的反应，能够识别和理解别人的情绪，并懂得如何得到你的关注。

　　(3) 情感学习。宝宝和任何人的交往都是一个情感学习的过程。由于和父母交往最多，他们最多的还是潜移默化地接受父母的熏陶。如果父母总是忙乱急躁地应付各种事情，宝宝也会模仿父母的那种急躁情绪。

宝宝的情感能力在生活中慢慢形成

　　宝宝的情绪情感能力的发展和提升，是一个不断积累逐渐孕育发展的过程。他们情绪情感的发展，是在各种活动中与环境主动互动的结果，是宝宝的各种需要在活动中得到满足，并且不断提升的结果。只有真实自然的活动才能让宝宝获得真切的、有力的体验。所以，培养宝宝的情感能力必须让宝宝能够自由地活动，让他们在活动中发挥自身的主动和能动作用。如果有条件，最好让宝宝和稍大一点的宝宝一起玩耍，让他在真实自然的活动中获得真切感受的积累。

怎样培养宝宝的积极情感

　　培养宝宝积极的情感，可从以下四点做起：

　　(1) 针对性引导。父母在日常生活中要注意观察宝宝的情绪反应，从中能看出宝宝的性格是情绪平缓型，还是情绪激烈型，以便与宝宝更好地沟通。情绪平缓和激烈本身并无优劣之分，平缓型的宝宝可能表现比较乖巧，父母要更加细心地关注、体察其情绪变化，引导他表达自己的情感。对于激烈型的宝宝，在他发脾气的时候要分析原因，进行针对性干预。对于还不会用语言表达感受的宝宝来说，父母要用爱心和耐心来理解他。

(2) 给情绪"贴标签"。 经常用一些情绪词汇来描述宝宝当时可能的感受，帮助宝宝正确认识自己的感受。宝宝的情绪感受其实非常广泛、复杂，但是却可能没有能力说出来。父母用各种情绪词汇来描述他当时的感受，可以确认宝宝的情绪，给宝宝提供情绪"标签"，同时也帮助宝宝了解自己和他人的情绪。

(3) 鼓励宝宝积极的情绪表达。 如果宝宝对别人有礼貌、对别的宝宝友好，遇到事情不爱哭，善于与人交流，父母就应该表扬他。面对忙碌的现实生活，父母要调整心态，用积极的情绪、情感面对宝宝，积极健康的心态面对生活。在宝宝的情感世界中，父母扮演着重要角色。父母的一举一动都会影响宝宝的情感发展。

(4) 与宝宝一起谈论情绪。 当父母感到生气、高兴等不同情绪反映时，要直接告诉宝宝，并告诉他们原因。父母总试图将自己的消极情绪隐藏好，这是不太容易做到的，这些情绪最终会以错误的方式体现出来，从而影响到宝宝情绪的表达，所以我们最好坦诚地与宝宝谈论。

提升宝宝情感能力小游戏

做个小主人： 准备一个小围裙和几个茶杯。全家人一起围坐在沙发上，茶几上放有茶盘和几个小小的杯子，杯子里各盛一半水。妈妈让宝宝戴好围裙，激发起宝宝为大家送水的兴趣，然后让宝宝双手端着杯子，逐一送到全家人的手中。并让宝宝边送边学说："请爸爸喝水。""请妈妈喝水。"父母应回答："谢谢宝宝！"

认识新朋友： 当父母带宝宝出去玩，见到其他小朋友和他的父母时，父母要先互相打招呼。父母打过招呼之后，再介绍宝宝互相认识，并让宝宝记住小朋友的名字。如果宝宝手里拿着玩具，妈妈可以引导宝宝与其他宝宝交换或分享玩具。

母鸡和小鸡：妈妈和宝宝分别扮演鸡妈妈和小鸡，如果有可能，可以买一套鸡妈妈和小鸡的头饰，会让游戏更有趣味。按故事展开活动：鸡妈妈和心爱的小鸡到花园寻找食物。鸡妈妈累了，就睡着了（这时妈妈要闭上眼睛），当鸡妈妈睡着后，小鸡就走开并且躲起来（让宝宝藏起来）。鸡妈妈睡醒了，到处焦急地寻找小鸡。小鸡听到叫声，在躲的地方"叽叽"地回答。这样一叫一答，鸡妈妈终于找到了小鸡，并亲切地将小鸡抱在怀里。

拔苗苗：这个游戏类似于"拔萝卜游戏"。选择一个较大的游戏空间，然后和宝宝准备游戏。先让宝宝站在地上，双手叉腰，双脚张开，保持身体平衡。妈妈先过来拉宝宝，边拉边对宝宝说："拔苗苗呀，拔苗苗，这个苗苗好可爱。"然后，妈妈要表现出筋疲力尽的样子，说："这个苗苗太难拔了，快叫爸爸一起来拔。"然后爸爸、妈妈一起来拔。爸爸和妈妈都要表现出拔不动的样子，这时再叫爷爷、奶奶一起来帮忙。最后将苗苗拔出来。妈妈也可以在游戏中给宝宝唱儿歌，比如："拔苗苗，拔苗苗，这个苗苗真难拔；叫爸爸，叫爷爷，叫奶奶，叫花猫，叫花狗，嘿哟嘿哟齐用力，拔出一棵小苗苗。"拔完之后，爸爸、妈妈、爷爷、奶奶还可以互换角色做苗苗。

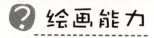

绘画能力

认识绘画能力

绘画是眼、手、脑紧密配合的活动。宝宝在绘画活动中，要将感知到的具体形象，通过眼睛认真观察，经过分析、比较找出主要特征，运用线条、色彩等手段描绘出来。通过绘画能力的培养可以很好地开发宝宝智力、培养宝宝创造意识。

通过绘画训练宝宝对颜色的感知

蒙台梭利博士指出，色彩的感知练习可以提高宝宝的绘画能力。父母可以准备许多需要填色的图片，宝宝可以用彩色的画笔对空白处进行颜色的填充。接下来，还可以给宝宝准备画笔，甚至是水彩颜料。对于填色的图片，刚开始可以是一些简单的风景或者常见的物品、建筑等，比如，花朵、蝴蝶、树木、房屋、天空和动物等。父母可以通过观察宝宝的画，从中知道他们对于颜色的认识，再考虑在颜色方面给宝宝一些帮助。宝宝在做练习的时候，宝宝可以把树画成红色，把水画成黄色，父母所做的就是观察，不需要做任何干涉。如果宝宝画错了颜色，那么就说明他们对于颜色的认识还不是很清楚，或者说，在平日的生活中，他们还没有仔细观察到周围事物的颜色是怎样的，他们对于颜色似乎还没有概念。

绘画能引导宝宝更细致地观察物体

父母要针对宝宝的特点，给他们做颜色感觉的训练。之后，再通过他们的画作，检验这种训练的成果。最终，无论宝宝选择细致而和谐的颜色，或者是强烈对比的颜色，我们都可以判断出他们在颜色感觉训练当中所取得的进步。在填色或者绘画的过程中，宝宝必须要记住图画当中所出现的物体在真实环境当中的颜色，这会鼓励他们用心观察周围的物体。对于绘画和填色的难度，他们会自己提出要求。不过，只有当宝宝可以将颜色涂在轮廓线以内，并且选择了正确颜色后，我们才能够让他继续进行一些更复杂的图画。当首次让宝宝自由在白纸上绘画时，宝宝所画出来的东西没有任何形状，应该说是非常混乱。此时，我们应当问宝宝他想画什么，并且应当记录在图画下面。慢慢地，图画会变得越来越清晰，能够观察到宝宝在对图形的观察中所取得的一次又一次的进步。那些最细节的东西，在宝宝粗略的草图当中，也经常被观察并且被记录下来。同时，因为宝宝是随心所欲地进行绘画，所以这些绘画也向我们展现了那些最能吸引他注意力的东西。

如何训练宝宝的绘画能力

在蒙台梭利教具中有一种金属嵌板，每块木板里都放有 5 个粉红色的方形金属框架，每个框架里都嵌有一个可取出的蓝色几何图形插片。她把这些教具和一盒十支的彩笔以及一本图案书一起使用。两个浅槽板并排放置，上面放着共 10 个方形金属框架，每个金属框架里都带有一个几何图形的插片。给每个宝宝发一张白纸和一盒彩笔，宝宝从摆放成一条线上的 10 个金属框架中选出其中一个。然后，按下面的程序来教宝宝：

宝宝把金属框架里的几何图形插片取出来，然后把金属框架放在纸上，用一只手压紧，另一只手拿着彩笔沿着框架内的几何图形内缘轮廓描画。接着拿起方形框架，他就会发现画在纸上的封闭式几何图形是个三角形、圆形或六角形等。对宝宝来说，这并不是一个全新的练习，他们在触摸木头插片时已经进行过类似的练习，但和这个练习不同的是，现在宝宝不再直接用手指触摸插片的轮廓，而是通过用彩笔这样一个新的工具来描画图形轮廓。也就是说，宝宝是在描画，他们在白纸上留下了他们手部运动的轨迹。

宝宝会发现这个练习很简单，也很有趣，一旦画完一个图形轮廓，他们会马上把蓝色的几何图形插片放在描画出的轮廓上，进行对比。这个练习和他们以前把木头几何图形插片放在第三组卡片的几何图形轮廓上的练习非常相似。不同的是，现在，当宝宝把几何图形插片放在画好的轮廓上时，他们会拿起另一种颜色的彩笔，沿蓝色几何图形金属插片的外缘来描画轮廓。

画完之后，当宝宝拿起金属插片，他们会发现纸上有了一个由两个不同颜色的轮廓组成的几何图形，如果彩笔的颜色是他们精心挑选的，出来的效果会非常棒。出于对色彩的敏感，他们亲手完成的作品所呈现出来的效果，会让他们对这种描画图形轮廓的练习产生强烈的兴趣。

提高宝宝绘画能力小游戏

宝宝需要掌握一些剪、贴、画、撕、捏等简单的美术技能，才能在边做边玩中不断提高绘画能力。因此，平时有时间的话，父母可以和宝宝玩一些有趣的游戏，以提高宝宝的绘画能力。

雪花飘飘：父母可让宝宝把红、黄、绿色的小纸条撕成一片片的"小雪花"，然后将小雪花放在一起，和宝宝一起玩"下雪"的游戏，并让宝宝在"捡雪花"的游戏中巩固对红黄绿三种颜色的认识。

添画游戏：让宝宝在纸上印上自己的小手掌印后，添加上眼睛、嘴巴、手、脚，这样就变成了一个个"手掌宝宝"了。

第三章

语言沟通：培养良好的语言表达能力

宝宝语言发展的7个关键阶段

❓ 0～8个月：前语言理解阶段

听觉是学习语言的基础

有一个观点已经被证实，那就是人不是天生就会说话的，所以对于宝宝来说，他们是先听他身边的声音，然后才学着说话。因此，语言器官的运动必须以听到后留存于大脑中的语音信息为基础。这也正说明，除了两个神经中枢，还必须有一种特殊的感觉能力，即听觉。

听觉在宝宝出生之前就已经形成了，但是，那时宝宝对声音并不是很敏感，蒙台梭利博士认为宝宝只对某种特殊类型的声音才能做出反应。比如说语言，如果宝宝的听觉器官不能区分各种声音，那他们在表达时就会发出各种各样的声音。他们可能会模仿生活环境中的各种声音。这是因为自然把这些神经中枢区分开来，使它们仅仅对语言敏感，以使宝宝能够更好地学习语言。

由于宝宝具有这种特殊的天赋，语言的使用就自然而然了。然而，很多父母不知道，胎儿时期其实是宝宝拥有超级语言学习能力的时期。当胎儿醒着的时候，他除了能够感受到优美的音乐外，还能听到人类的语言。这个时期，宝宝的语言学习已经开始了。

宝宝喜欢观察说话者的嘴唇

蒙台梭利博士发现，宝宝会在4个月时开始注意到父母说话时的嘴唇，这个可以发出不同声音的部位。宝宝会发现是嘴和嘴唇的运动产生了语言。很少有人注意到，宝宝会一直盯着说话者的嘴在看，并且他们还在仔细地模仿。随后，有意识的行为开始发挥作用了。

宝宝在无意中已经与说话的肌肉取得联系，准备随时说出话来。这个时候，宝宝的一些有意识的兴趣已经被唤起。这又提高了宝宝的注意力，并促进了宝宝语言的进一步发展。

6个月左右的宝宝可以发出单音节了

宝宝到6个月的时候，开始发出一些单音节的声音，我们会在某一天早上醒来突然听到宝宝说，"ba，ba，ma，ma"，似乎正在说"爸爸，妈妈"。随后的一段时间他们只能说这两个词儿。但我们必须记住，宝宝的语言发展在经过长时间的努力后，已经发展到了一个临界点。他已经脱离了那种潜意识学习的时期，已经不再仅仅像一个"机器"了，他可以掌握随意使用语言的技能了。

❓ 9～12个月：语言理解阶段

9～12个月的宝宝的语言特征

(1) 尽管宝宝不会说话，但能理解父母常用的一些字、词或句子的意思，并用动作、表情等身体语言与父母交流。如，爸爸问："妈妈呢？"他会转动身体去找妈妈或对妈妈微笑。

(2) 经常会发出各种音节，虽然这还不是真正的语言，但想用语言交流的愿望已经非常明显。如果父母同他说话或讲解事物时，他会表现出安静、专注的神情。

(3) 很多宝宝10个月以后，语言方面有快速的发展，能模仿父母发出有意义的标准语音，如"爸爸""妈妈""哥哥""狗狗"等。之后，宝宝还会在父母的指导下，学会一些复杂的反应，如父母说"谢谢"，他会两手合拢作揖，父母说"把小汽车给我"，他会把手中的小汽车交给父母。

宝宝开始意识到声音的意义了

宝宝10个月大的时候，他们会发现，他们听到的声音（语言）是具有特殊意义的。当我们温柔地对他们说话时，宝宝知道这些话对于他们来说是具有意义的，同时开始努力理解这些话的意思。在宝宝出生后的第一年，他的语言学习还处于一种无意识状态，但这时的宝宝已经能简单重复的咿呀学语。1岁以后，宝宝开始有意识地说话了。他仍然没有完全脱离咿呀学语的状态，但他现在说的东西已经有一定的目的性了。

宝宝有学习语言的愿望

再长大一点的宝宝，开始意识到语言是与他周围的事物有关的，他有意识地掌握语言的愿望也变得越来越强烈。于是，在宝宝身体内发生了一场冲突，那就是一场从无意识逐步达到有意识的冲突。就好比我们努力地想要听懂外语，但我们却听不懂。我们想和他们交流，但由于我们不懂外语而无法达到这个目的。

宝宝对于这种感觉更为强烈，他们已经知道父母在说一些有意义的话，但是他们不懂；他们也想表达一些想法，却不知道该怎么表达。这种无能为力的感觉让他们有些失望，但也正是这样，他们才会加紧对语言的学习。所以，在潜意识的帮助下，他们的语言能力进步得让人吃惊。

但是，在学习的过程中，他们会时常因为父母不明白他们在说什么而感觉到气愤，1～2岁的宝宝也可能会出现这样的情况。如果宝宝仅仅用一两个单词向我们表达某件事时，我们没有听懂，他们就会发脾气。其实，他们在尽量想让父母明白他们想要表达的意思，即使他们愤怒，但他们还是不会放弃，他们会加紧学习语言，这是宝宝语言发展的规律。

❓ 13～16个月：口语萌芽阶段

口头语言的第一阶段

语言的发展有两个阶段：低级阶段，是为各种神经通道和中枢神经做准备，而中枢神经要将各种感觉通道和运动神经通道联系起来；高级阶段，由高级神经活动来决定，这种高级神经活动通过语言机制的发挥来使自己外化。在运动神经中枢里也重复着同样的一个进程。宝宝在开始的时候只能说出一些简单的发音，接下来是单独的音节，最后是单词。蒙台梭利博士把口头语言界定为：当宝宝说出的词汇能够表明一个概念时，也就是说，当语言与感知建立起联系的时候，语言就开始了，而此时语言本身仍然是一种心理——运动神经机制，还是非常初级的阶段。

认识宝宝的"儿语"期

大约 1 岁半的时候，宝宝有了另一个发现，那就是每个东西都有名称。也就是说，他能从听到的所有单词中找出名词，尤其是一些具体的名词。但是，他们还不能使用名词表达所有的东西。他们一开始，只能用名词来表达他的思想。他们也会把一些句子缩短为一个词，或者毫无语法的短语。比如，宝宝说："妈妈，饭。"他要表达的意思是："妈妈，我要吃饭。"这种压缩了的句子的典型特征是，单词本身被改变了形态。宝宝经常会说一些短小的拟声词，如用"汪，汪"来形容狗叫等，我们称之为"儿语"。

如何让宝宝说话有条理感

语言不是宝宝在这一年龄段形成的唯一东西，条理感也是在这一期间形成的。条理感不是暂时产生的，它符合宝宝的需要，宝宝在经历心理形成时期时，总是想把内心一些混乱的东西整理得更有条理。宝宝在无助时，经常会感到很苦恼，所以，如果父母在此时可以明白他们要表达什么，那么对于他们来说，这是最好的奖励和安慰。

❓ 17～24个月：完整句掌握阶段

宝宝语言发展的跳跃期

宝宝语言的发展过程是在不知不觉中完成、定型的，并且一旦定型就很难改变了。父母在看着小小的宝宝时，可能会觉得他们什么都还不知道，觉得他们并没有独立的意识。然而，这只是表象，其实，宝宝的大脑每天都在做着非常巨大而且繁复的工作。

最简单的证明方式就是：我们肉眼可见的宝宝的进展不是逐渐发生的，而是以跳跃的方式出现的。例如，宝宝会在某一时间出现音节发音，而且这种现象可能会持续一段时间，可能是几个月。从外部来看，在这段时间，他们没有丝毫的进步。但是，在某一天，你就会听见他们开始说单词，之后是短语，再之后就是句子。

宝宝的语言爆发期

蒙台梭利博士指出，宝宝学习语言不是慢慢地一字一句地进行学习，而是会出现"爆发现象"。这种现象不是父母或者老师教授的，而是自然发生的。宝宝总是在某一时期，突然就能够准确地说许多单词。突然很容易地表述各种名词、前后缀和动词了。对于所有宝宝来说，这种语言的爆发现象一般发生在 2 岁左右。2 岁时，宝宝已经能使用复杂的句子，能够使用不同时态和语态的动词，包括连词，并且能够使用长句和分句了。此时，宝宝已经建立了特有的心理结构和语言表达机制。这种能力也同时从无意识的状态过渡到有意识状态。你或许发现他们已经变成"小话痨"，这是因为他们对自己突然具备了这样的本领而兴奋不已。

25～32个月：主体语法掌握阶段

语法可以让宝宝更好地学习语言

在宝宝的脑中好像有一位老师，他所教授宝宝的方法，就如我们要教授宝宝的方式一样。都是先教会宝宝学习各种事物的名称，之后让他们学习一些主体的语法、名词、形容词、连词、副词、动词不定式、名词格、前缀、后缀以及所有的特殊用法。这样的学习方式能让宝宝更好地使用语言。例如，我们说："桌子上放了一个杯子。"宝宝因没有固定的语序，他会说成："杯子桌子放了。"因此，能够熟练地使用语言的宝宝，必然已经掌握了一些主体的语法。

主体语法掌握阶段培养要点

(1) 引导宝宝描述事物的外部关系。 宝宝 24 个月之后，已能说出不少完整句，随着父母的引导和宝宝的语言实践，一般宝宝在 30 个月左右基本上能掌握母语基本语法和句法，这为宝宝与他人的交流提供了条件。因此，宝宝 24 个月之后，语言思维的发展将成为主要开发方面。

(2) 及时进行语言记忆训练。宝宝在出生几天后就具有了最早的记忆能力，在出生 2 个月后就有明显的表现。实物、形象、情感、动作、声音以及语言都是宝宝记忆的材料和信息来源，其中语言记忆能力是人类最重要的记忆能力之一，宝宝语言发展关键期也正是人类记忆能力发展的重要时期。因此，及时发展宝宝的语言记忆能力是非常必要的。研究发现，宝宝语言记忆能力训练越早，对宝宝今后综合记忆能力的发展作用越大，记忆能力发展得也越好。经过系统训练半年以上的宝宝，两三年后记忆能力比同龄人高 1～3 倍。

(3) 及时诱导宝宝掌握复合句。宝宝一般在 28～30 个月开始说出"四词句"，完整句得到了进一步的扩展，32 个月左右开始出现"五词句"以上的句子，这时复合句开始逐渐出现并快速增加。宝宝刚开始掌握复合句主要是包含并列或从属关系的两个简单句。例如，"小狗吃骨头，小羊吃小草。""兔妈妈回家来了，她给小兔带来了萝卜。"

如何训练宝宝的主体语法

· 主—谓—定—宾句式训练

主—谓—定—宾句式中出现的定语成分，增加了句子中的修饰性部分，宝宝在掌握一定的形容词的情况下，就能够理解和掌握最简单的这类句子。

具体训练方法是：父母可以根据当时具体的环境和情况，说出具有"主—谓—定—宾"句式的句子，并要求宝宝模仿造出一句含有相同句式的新句子。如果宝宝所造的句子中缺少某一成分，父母要指导宝宝补足。例如，父母拿着一个苹果说："我有甜苹果。"然后，指导宝宝说出"某人有怎样的某物"的句子。

· 表达关系训练

可训练宝宝用语言来表达各种简单的关系。如人与人的关系、人与物的关系、物与物的关系。

具体训练方法是：父母可以根据具体的环境和情况，说出解释某种关系的句子，让宝宝模仿造出含有相同关系的新句子。例如，父母说："大个子叔叔是小兵的爸爸。"要求宝宝说出"某人是某人的什么（称谓）"的句子。

• 语言复述训练

2～3岁的宝宝语言记忆能力已有一定的发展，一般一次可以记忆住8个字左右的句子。语言复述训练就是训练宝宝正确复述父母语言，从而达到发展宝宝语言记忆能力的目的。

具体训练方法是：父母任意说出两三句10个字以上的句子，每说完一句，让宝宝立即复述出来。例如，父母说："公路上有大汽车和自行车。"

• 行为评价训练

3岁左右的宝宝有了初步评价事物的能力，当然这种评价可能是不完全和不科学的，但这种评价能力的产生和发展在宝宝的语言发展过程中起着重要的作用，它能使宝宝的语言更具深刻性和批评性，是宝宝语言的新的发展方向。另外，由于日常生活中，父母常会告诉宝宝"这个不能做""那个不能摸"，因此宝宝就常常把这些要求作为评价行为的准则。

具体训练方法是：父母做出一些行为或者说出某人的行为，然后让宝宝评价是否正确。例如，当宝宝用手抓饭时，父母要对宝宝说"这样是不对的"等。

• 判断句子正误训练

随着宝宝说话能力的加强，宝宝不但自己力求做到说话正确，还常会指出其他宝宝或父母说话中的错误之处。这是宝宝语言发展中的一件好事，说明宝宝对语言已有了规则的观念，并争取使自己做到符合这种规则。但是宝宝的语言能力、语法知识毕竟相当有限，语言中常出现错误，判断句子正误的训练能够有效地训练宝宝改正自己说话中出错的能力。

具体训练方法是：父母可以根据具体的环境和情况，说出一些有语法错误的句子，让宝宝指出并改正。例如，父母说："大灰狼鸡掉了。"要求宝宝改正为："大灰狼把鸡吃掉了。"

❓ 33～48个月：自我言语阶段

3 ～ 6 岁是宝宝学习语言的最佳期

在正常教育下的宝宝，36 个月左右时已基本上掌握了母语的语法规则系统，成为一个语言理解与语言表达能力已具相当水平的语言交流者，并且他们渴望学习语言。

在蒙台梭利博士的学校中曾遇到过这样的事情。在她工作的初始阶段，她为宝宝准备了很多单词卡，每张卡片上都写着不同的单词。但是没过多久，蒙台梭利博士所认为的已经足够多的卡片居然不够用了。宝宝学会了卡片上所有的单词，但是他们还想要学习更多。所以，蒙台梭利博士开始选一些比较专业的词汇，比如，几何图形的名字，多边形、梯形、三角形等。宝宝都学完之后，她又为宝宝写了一些更为专业的词汇，如温度计、气压计等，甚至包括一些植物学名词，比如，花冠、花萼、雌蕊、雄蕊等。宝宝以同样的热情学会了之后，还会要求更多。倘若把宝宝带到户外，他们总是会伸着小手问这个叫什么，那个叫什么，或许有些连成年人都叫不出它们的名字。

把握好宝宝学习语言的最佳时期

3 ～ 6 岁的宝宝对于词汇学习的强烈愿望已经到了"痴迷"的地步，他们在学习的过程中是不知疲惫的。但是一旦过了这个年龄，宝宝就再也没有这样的能力了，学习每个新的单词都会变得很艰难。

但是，就在宝宝 3 ～ 6 岁的期间所学到的单词，会让他们受益终生。或许这也能够解释为什么字典上的单词和词语如此之多，但是我们的常用词汇也就只有 8000 而已。因此，我们的结论是，3 ～ 6 岁是宝宝学习语言的最佳时期。当然，这种学习不是机械式的学习。我们教授宝宝新词汇时，应该把这些词汇与实物结合起来或与他们的户外活动结合起来，保持词汇与他们的实际经验同步。如果有实物、图片或图表，宝宝就会很容易记住这些单词。学习这些东西在他们看来没有难易之分，但对于成年人就不同了。尤其是，有些容易混淆的英语单词，在宝宝的眼里，根本不会存在混淆的现象。

4～6岁：幼儿语言综合能力的发展阶段

生活环境直接影响宝宝的语言学习成果

4～6岁的宝宝，会学习很多新的单词，并且逐步完善了自己所用的句型，这一时期为宝宝语言的完善期。在这期间，宝宝会根据自己的生活环境学习词汇，并且发音也是周围人的发音方式，即使是方言，他们也会照着学。但如果这个时候的宝宝生活在另外一些有文化的团体人中，他们所学习的词汇量就会非常大，他们也会逐渐发展到这种水平。这也就是说，对于宝宝的语言学习来说，环境是非常重要的。但不管环境如何，宝宝的语言在这一时期都会变得非常丰富。一个2岁半的宝宝具有200～300的词汇量，但到6岁时他已经能够使用数千个词汇了。这些都是在没有老师教授的情况下发生的，是一个自然吸收的过程。

教给宝宝标准的语音

在这里特别要提醒父母注意的是：在4～6岁这个年龄阶段要尽可能地让宝宝获得所有的语言调节，而在这之后的一切努力都是白费。也就是说，此时一定要教授给宝宝标准的语言发音。因为当宝宝长大后，有固定的发音习惯，比如方言或者是一些不良习惯，这些到了成年后就很难改变了。

在让宝宝自我感知的时候，我们的工作中最重要的部分就是教授他们准确的名称和发音。在大多数的情况下，不用为我们描述的名词添加任何形容词，这样可以给宝宝一个明确的名词。在语音上，父母不要模仿宝宝的语言，我们的发音必须是标准的、清晰的，声音必须足够大，能让宝宝听得清楚每一个音。让宝宝接受最正确的读音训练，这一点非常重要。

第二节

开发宝宝的语言天赋

❓ 宝宝的语言从啼哭开始

不要忽视宝宝的哭声

刚出生不久的小宝宝不会说话，不会表达自己的想法，所以，哭是他和外界沟通的语言。他可能是向你求助，可能是表示抗议，也可能是表示自己的不舒服。父母能够辨别宝宝的哭声，就容易找到应对的方法。换句话说，这需要父母用心聆听宝宝的哭声，观察宝宝，这样你就会知道宝宝为什么哭了。

宝宝会用哭声表达不适

宝宝不会无缘无故地哭，只是因为他们不会说话，无法表达他们的情感和需要，所以他们才会用哭声倾诉。通常宝宝哭的原因有以下几种：

(1) 肚子饿。当距离上一次喂奶的时间超过两三个小时之后，宝宝就会渐渐有饿的感觉，然后宝宝就会想办法让妈妈知道。当宝宝肚子饿时，他们的哭声会比较强且有节奏。

(2) 不舒服。不舒服有很多种，尿片湿了不舒服、太热或太冷不舒服、有时衣服包得太紧也不舒服。这时，宝宝的哭声会比较急促但是小声，好像还可以稍微忍受一下。但是，如果父母不理他，宝宝也会大声哭闹抗议。

(3) 痛。宝宝最怕身体不舒服了，呼吸困难、感冒发烧或是肠胃不适，都会让宝宝痛、痒、恶心，但是他却没有抵抗、自我治疗的能力。这时，宝宝会哭得持久而且怪异，尤其是在吃饱之后或是睡前哭闹几十分钟，有时连带呼吸不顺畅，甚至还会有哭不出来的感觉。这时要赶紧带宝宝上医院检查。

(4) 怕黑。许多研究指出，处于黑暗、孤单时，人的大脑就会传出讯息，让人产生害怕、担心的感觉，并且本能地想要找到依靠，尤其是新生儿。宝宝会因此发出哭声，来试探父母是不是在身边、有没有人照顾陪伴。这时，父母的回应对宝宝很重要，即使只是发出一点回应的声音，都可以安抚宝宝。

(5) 不喜欢。 大多数专家都说要给宝宝充分的刺激，许多爸妈便开始用力地给宝宝"刺激"。可是当外在刺激过度时，就变成了宝宝不愉快的体验，比如，过强的气味、不习惯的味道、抱得太用力、拉扯手脚的力气太过、触碰的频率太高，宝宝都会抗议。这时，宝宝的哭是渐进式的，然后转头，还会有很委屈的表情。

(6) 要求换个姿势。 宝宝他不会自己动手动脚，于是就用哭声来提醒父母。这样的哭声，不会太大声或是太久，只是哼个声音，你稍微将宝宝摇动一下、换个姿势，就可以让他重新安静下来满足地看着你了。

❓ 听是宝宝的语言的基础

宝宝在胎儿时期已经开始聆听

语言发育并不是从宝宝张口说话的一刻开始，事实上，早在胎儿时期，宝宝就已经开始通过听进行语言学习。随着听力的发育，宝宝对语言的理解能力也逐步增强。研究发现，在孕晚期胎儿就已经能够区分不同的声音了。专家指出，如果先给8个月大的胎儿听"babi"这个音节组合，然后再换成"biba"，小宝宝是能够意识到其中的区别，从而做出心跳加快的反应。

让宝宝多听儿歌

儿歌是宝宝学习语言的最佳启蒙方式，它贴近生活，语言浅近，讲究韵律，最容易被宝宝所接受。儿歌朗朗上口，有利于培养宝宝对于语言的感受能力。这种学习语言的方式，符合他们的天性，在游戏中学，在诵唱中学，在情趣中学，入于耳，根于心，潜移默化，经久不忘。

训练宝宝听力的小游戏

火车开了： 准备一盘模仿火车节奏的音乐磁带和一个小凳子。妈妈引导宝宝模仿火车的声音："咔嚓，咔嚓，呜……"妈妈可用儿歌的形式，和宝宝一起开火车："小板凳啊摆一排，我和宝宝坐上来，坐上来呀坐上来。我的火车跑得快，我当司机把车开，轰隆隆……"妈妈和宝宝也可分别各坐一个凳子，进行比赛，看谁跑得快。

给宝宝听背唐诗：妈妈可以买一些唐诗的资料，如录音带、图画书等。每天在宝宝快要睡觉或在床上玩的时候，给他放一些磁带或念给宝宝听。开始时，妈妈背每句诗的前几个字，由宝宝来补充剩下的字，时间长了宝宝就能自己背出整首的唐诗了。

揉一揉，听一听：妈妈准备几张报纸、塑料纸、普通打印纸等不同质地的纸，纸的大小要适合宝宝使用。妈妈用夸张的动作揉捏报纸，可以边揉边说："揉一揉，听一听，什么声音？"给宝宝一张报纸，让宝宝揉一揉，听一听；然后妈妈再揉塑料纸，也是边揉边说："听一听，声音不一样。"如果宝宝有兴趣，换一张塑料纸让宝宝用同样的方法揉一揉，听一听，引导宝宝辨别不同的声音。还可以给宝宝其他质地的纸，用同样的方法揉一揉，听一听。让宝宝随意玩耍，引导宝宝发现不同的玩法，如揉、撕、拉、甩、拍等动作，都能使纸发出不同的声音。

❓ 妈妈是影响宝宝语言的第一人

宝宝能自然学会妈妈的语言

一般来说，父母从不担心自己的宝宝学不会说话，我们已经将宝宝学习说话看成了很自然的事情，因此我们从来都没有给予宝宝在学习语言时足够的重视。

宝宝对语言的吸收和学习是一件非常深奥和难以理解的事情。不管我们的语言有多么深奥，即使没有接受过教育的人也会说。然而，如果让一个成年人去学习另外一种语言，那就会困难重重。蒙台梭利博士认为，导致这一现象的原因是：语言不是由妈妈教授的，而是宝宝听妈妈说话而学会的。因为宝宝喜欢妈妈的声音，对妈妈的声音有很强的依赖性。宝宝会很注意妈妈发出的各种声音。所以，妈妈要利用一切和宝宝做单方面语言交流的机会，利用不同的情景，多和宝宝说话，这样才能让宝宝很快地学会说话。

宝宝不需要刻意学习语言

宝宝学习语言的过程，不是刻意为之，是在无意识的状态下完成的。这是一种自然的机制，或者说是超越自然的机制，它与有意识的学习无关。整个过程给我们留下了很深刻的印象，其中之一就是各种语言的发音都是一代代传下来的，具有连续性。深奥语言与简单语言对于宝宝来说没有难易之分，所有宝宝都不会觉得学习母语是一件困难的事，这种机制把语言看作一个简单的整体，不管它是艰深还是简单。只有宝宝才能建立这种语言机制，只有他们才能熟练地学习自己所听到的语言。

对于成年人来说，我们对语言的学习，就像是用笔去画一幅画面，画面内容的多少，会和我们完成它的时间成正比。而宝宝对语言的吸收学习就像是用相机记录画面，无论画面上只有一棵树，还是有很复杂的构图，都只需要一张底片。

妈妈要让宝宝听到清晰的发音

妈妈不仅要为宝贝提供一个好的语言环境，而且要让宝宝听到标准的发音。无论妈妈在和宝宝说话，还是在和别人聊天，只要有宝宝在场，就需要更加注意自己的发音和表达。因为，此时你的宝宝正在学习你说话时候的语气和发音呢！在教宝宝发音时要注意以下两点：

(1) 注意宝宝的正确发音，如 m，z，c，s。如果宝宝是因为发音器官不成熟而无法准确发音，也不必强求。

(2) 巧妙选择会发音的物体，对宝宝从未听过的声音做出说明或放到以后的活动中进行；对宝宝明显判断错误的声音，可以结合实际来纠正。发音不存在唯一答案，应当根据实际情况做出选择。

❓ 细心体会宝宝的儿语

理解宝宝的语言

有这样一个例子，一个 1 岁半的宝宝刚用奶瓶喝完奶，妈妈就将奶瓶放到了茶几上，准备忙别的事情去。妈妈刚一转身，小宝宝就哭闹不止，并且一直指着奶瓶说"奶瓶"。妈妈以为他没吃饱，便把奶瓶重新递给他，可是他还是哭。妈妈怎样做都不行，最后失去了耐心，便开始对宝宝发火。此时，保姆回来了，看到这个场面立刻就明白了。她把奶瓶清洗干净后，宝宝才停止了哭闹。

由于宝宝的语言还没有运用得很熟练，所以他们想要表述的事情不是很清楚，但父母一定要理解宝宝的用意，不要动不动就发火，宝宝不是故意捣乱的。

宝宝有哪些语言习惯

• 用一个事物指代某种因果关系

1～2岁的宝宝提到某个事物，他想要表达的也许并不是这个词表面要表达的含义，而是跟这个词有着某种逻辑关系的另外的意思。比如，宝宝说"门"，可能是指要出门的意思；说"楼梯"，可能是指"高的地方"，也可能是指要"要爬高"。

• 用个别事物指代一类事物

1～2岁的宝宝有自己的逻辑，他们常常把个别事物以及与这个事物相关的一类事物联系起来，当成是同样的事物。所以，我们常常会看到这样的现象：当我们告诉宝宝，山坡上吃草的那只动物是一只羊。并且他也认识了羊这种动物之后，无论他看到什么动物在草地上吃草，他都会认为这种动物是羊。此时羊的概念已经是在草地上啃食的一类动物，包括牛、羊、马、驴……

• 用事物的局部指代事物的整体

除了难以区分个别事物与同一类事物之外，宝贝还经常用一个事物的局部来指代这个事物的整体。比如，当妈妈喂宝宝苹果的时候，总是会一口一口地喂。但是，宝宝会一直不停地说："吃苹果。"这个时候，无论妈妈用多快的速度喂宝宝，宝宝都会继续说："吃苹果。"其实，此时的宝宝只是想要拿整个苹果。

• 用一个事物指代与之相关的所有事物

1～2岁的宝宝在提到某个事物的时候，他很有可能指的不是这个事物本身，而是与这个事物相关的别的事物。比如，宝宝一直说着"水"，但实际上他不是渴了，只是想用水把某样东西清洗干净。

❓ 观察能够激发宝宝说话的热情

宝宝通过观察获得乐趣

观察力是一种有意识、有目的地去认识客观事物或者现象的能力，观察力与学习密不可分。培养宝宝的观察习惯是发展宝宝智力的基础，敏锐的观察力是促进宝宝发挥其想象力和创造力的源泉。宝宝对发现周围的世界有着深刻的感受，而且他们在这个过程中获得了极大的乐趣。他们从这个世界获得了有条不紊的知识，这些知识激发了他们学习、行动说话的热情。

观察事物，加深宝宝对词汇的理解

平时，父母要多引导宝宝去观察周围的事物。父母可以用尽量简单的字或者词，让宝宝明白他所看到的东西的特性。

比如，当陪宝宝玩积木的时候，父母可以拿起最极端体积的两块积木，但是它们在形状上不要有差别，一定要拿同种物品做比较，之后说"大的"、"小的"。

大和小两个字，父母的发音要清晰，能让宝宝听得清楚，并且中间要有停顿，给宝宝充分的时间去思考。在教会他们大小之后，父母可以对此做一个检验性的练习。比如，你可以对宝宝说："把大的积木递给我。"或者说："把小的积木递给我。"我们可以反复用这两个词，这可以督促宝宝更清楚地掌握这两个字的含义与读音。除了大小，还可以比较物品之间的薄厚。父母可以拿两个长度相同，但是薄厚不同的木板，对宝宝说"薄的"或者"厚的"。方法和前面介绍过的一样。

通过观察培养宝宝精确的用词能力

父母可以依次让宝宝了解一些形容词。经过训练的宝宝会具备非常精确的用词能力。

在"儿童之家"曾发生过这样的案例：有一天，老师用非常细的线条在黑板上打过格子后，一个宝宝说："好小的线条啊。"另一个就会纠正他："它们不是小的，而是细的。"在教宝宝关于颜色和形状的概念时，父母不用告诉宝宝："这个是红色，这个不是红色。"我们只需告诉宝宝："这个是红色，这个是蓝色，这个是黄色……"而在等级变化中，父母可以选择出两个极端的颜色，告诉宝宝"深"和"浅"。

通过这样的培养，宝宝就会彻底明白许多形容词：大、小、厚、薄、长、短、深、浅、粗糙、光滑、重、轻、热、冷等词的意义，还有许多关于颜色和几何形状的名称。这些在宝宝不断地观察和实践中，越来越深入到他们的大脑，从而让宝宝获得前所未有的辨别事物的能力。

❓ 学说话是宝宝的一种乐趣

宝宝喜欢和人交谈

当宝宝长到 2 岁的时候，他已经掌握了一些常用的基本词汇，可以说出简单句，能较清晰、准确地回答简单的问题，能用轻松使用"糖果、妈妈、给"，"果果、好大、好吃"等词汇。此时，宝宝对与人交谈有了浓厚的兴趣。所以，此时的宝宝会经常问"这是什么"的问题。在这样的沟通与交流中，宝宝的词汇、口语进步很快，"你、我、他"的人称观念开始建立，能确实地了解词语所代表的意义。此时的宝宝，以模仿妈妈说过的话为基础，学习表达自己的想法。比如，宝宝曾听过妈妈在赞扬自己时说过："对了，宝宝真乖！"当妈妈回答了宝宝提的问题或做完事情时，他也会说："对了，妈妈真乖！"

宝宝的语言活泼期

2 岁半到 3 岁的宝宝已经能够使用更多的句子来表达自己的想法，讲述所见所闻。虽然在讲述的过程中，会发生一些词语错漏的现象，但也能用上"因为""所以""如果""以后"等连接词；其好奇心更强，"为什么"成了他们的口头语，"打破沙锅问到底"是这时宝宝的特征。

到 3 岁末，宝宝的语言能力得到飞速的发展，其心理活动开始具有概括性，可通过语言认识直接经验得不到的东西，如在听故事中知道，"雪是白色的"、"雪是冰凉的"，还可以用"等我，走吧！""我先上厕所"等有声语言显示其思维的结果，使活动更有随意性和目的性。

但是，有些宝宝到了这个年龄却不爱讲话，倘若健康的宝宝出现这一现象，往往是因为他们在家里没有人和他们说话或给他们讲故事，对此不需要语言治疗，而是需要一位耐心的幼儿园老师和一个会讲故事的妈妈。

亲子游戏让宝宝爱上说话

要帮宝宝发展语言能力，只有平时的生活与交谈是不够的。下面介绍几种亲子游戏，父母可以通过游戏，在娱乐中启发宝宝的语言天赋。

说悄悄话：父母可在宝宝耳边说一些悄悄话，吸引宝宝注意，让宝宝专心聆听妈妈的耳语。当宝宝2岁后，可全家人围成一圈，用传话的方式，看看后面的人跟前面的人说的是否相同。此游戏可锻炼宝宝的听力，让宝宝养成专心聆听别人说话的习惯，并锻炼宝宝准确发音。

让玩具活起来：给宝宝玩具，让他将平时听到的、学到的话对玩具说，也可以带宝宝一起模仿喂洋娃娃吃饭、穿衣服，或是推着玩具车，或带宝宝在家中走走。此游戏可让宝宝学会大量词汇及日常生活中的琐事。当宝宝推着玩具车时，还可以培养宝宝的方向感。

角色扮演：可让宝宝穿上棒球装，带着他一起到户外丢球、挥棒，让宝宝享受当棒球手的乐趣。当宝宝做到你要求的指令时，记得称赞他。除了棒球手，也可尝试让宝宝扮演其他角色。此游戏可让宝宝学习更多新鲜的事物，包括学习与人说话的方式以及如何表达。

看图说话：抱着宝宝，带宝宝一起看图说故事，一次翻一页，用简单易懂的语言告诉宝宝："这是小熊"、"小熊在追蝴蝶"。刚开始的时候，不要在一页上停留太多时间，也不要在意书上更多的其他细节，这样宝宝才有耐心看下去，等宝宝有初步印象后再配合图做些动作说明。

"不"和"是"：当宝宝用"啊"、"咿"等象声词要东西或者让别人干什么时，应该在满足他的要求时，对"对"与"不对"说"是"或"不"。如果宝宝说："啊……"并用手指向苹果，意思他想要，妈妈可拿给他，但要问他是否想要苹果，要让宝宝说"是"或"不是"。如果宝宝着急要水喝，又发出"啊，啊"声，妈妈尽量引导宝宝说"是"，才能递给宝宝水。

这是"我的"：当宝宝拿着一件心爱的玩具正在玩时，妈妈要故意问："这是宝宝的玩具吧？"如果宝宝不会说，就会很着急地拍拍自己的胸脯，表示是自己的。如果宝宝会开口说话，就会马上说："宝宝的。"或者把自己的小名说出来。这时，妈妈要教宝宝说出："这是我的。"教宝宝用"我"来代表自己。反复和宝宝练习几遍，宝宝就能应对自如了。

给故事编结尾：妈妈和宝宝一起看刚买来的图书，然后给宝宝讲书中的故事，讲到最后一段时，妈妈要将书递给宝宝，让宝宝根据书上的图片来猜猜故事的结尾。如果宝宝没有看懂，妈妈可以以提问的形式帮助宝宝来理解故事，看清图中的内容，比如，问问宝宝："大灰狼最后会怎么样？""小羊会被大灰狼吃掉吗？"让宝宝根据前面听到的故事和妈妈的提问推断出结尾。

开锁：妈妈和爸爸手拉手站在一起，告诉宝宝拉在一起的两只手就是一把"锁"。宝宝要打开这把"锁"，妈妈就会问宝宝："这是什么锁？"宝宝要给锁起名字，比如，宝宝说"香蕉锁"，然后妈妈说"咔嚓"，表示把锁打开，拉在一起的两只手就要分开。可以让宝宝轮流扮演开锁人和锁，让宝宝学说各种句子，宝宝给锁起什么名字，妈妈都应给予鼓励。

❓ 完善宝宝的口头语言

口头语言的重要性

语言的基本技能包括听、说、读、写，而这四种技能的完善和发展都要依靠口头语言。当然，这四种技能也包含着口头语言的全部机制——听觉通道、中央通道、运动神经通道。然而，在人们的认识中，往往觉得书面语言只是一种工具，能使文化得以传承和教授的工具，却忽略了口头语言与书面语言的联系。蒙台梭利博士认为，对于宝宝来说，口头语言是宝宝的一种自然能力，完善宝宝的口头语言有利于提升宝宝的智力水平，增强宝宝的社交能力。

鼓励宝宝说出来

宝宝的语言发育与他所处的环境以及父母照料的方式有很大关系，1～3岁是宝宝学习口语的关键期,这个时期发展的好坏会直接影响到宝宝以后的表达能力。

父母要耐心地鼓励宝宝口语表达,平时可多与宝宝互动。例如,带宝宝到外面玩耍的时候,看到猫、狗、小白兔等动物,可以教宝宝说出这些动物的名称。学说话的过程是一个模仿的过程,所以父母在和宝宝说话的时候,必须让他看到父母的面孔和口形,这样他才容易跟着学。父母在说话时眼睛也要看着宝宝,语气要愉快,语句要简单,速度宜慢,有短暂的停顿,讲话内容结合眼前的事物、当前的活动或符合宝宝的兴趣。说话时,还要辅以相应的表情和动作,让自己说出的话生动有趣,易于被宝宝接受。

经过长期、多次重复之后,宝宝对父母语音会产生记忆,能理解父母的话,会模仿他们的口形,慢慢地宝宝就会从周围的人那里学习语言,就能够学会用语言与他人进行交流了。

矫正发音的练习

发音练习主要包括一些纠正性练习,让发声器官进行休息和重复发音的方法。除此之外,还有呼吸体操。蒙台梭利博士研发了一些可以用于纠正发音的练习:

(1) 安静练习。比如,静寂游戏,闭上双眼,静默地坐着,什么也不做,只是听。这种练习是很必要的准备工作,可以让语言的神经通道做好接受新刺激的准备。

(2) 课程练习。首先,由父母或者老师清楚地读出几个单词的发音,这些单词一定是实物的名词。通过这种方式,清晰而完善的语言听觉刺激开始了,父母或老师不断重复刺激,宝宝慢慢开始感觉到这个单词所代表的物体概念。最后,在语言的刺激下,宝宝必须一个人大声重复,单独发出单词的每个发音。

(3) 书面语言练习。这种练习对语言发声进行分析,并且用几种方式单独重复这些发声。当宝宝学了字母表当中的每一个字母时,当他组合或者是书写单词时,就应当重复这些发声。对于学习汉字的宝宝来说,汉语拼音是帮助宝宝巩固读音并发出正确读音的好工具。

(4) 体操练习。体操练习包括呼吸练习和发声练习。让宝宝的发声器官和肌肉获得放松,太过紧张会给肌肉造成负担。

第四章

培养宝宝感官协调能力

第一节

视觉

❓ 关注宝宝视力发育的关键期

0～3个月

宝宝满月后，已具有注视与两眼固定注视的能力，会注视抱他的人，但无法持续太久，眼球容易失去协调。2 个月的宝宝有固视反应和瞬目反应。妈妈把奶瓶或玩具放在宝宝面前，如果宝宝看到眼前东西的一瞬间表现出眨眼动作则属正常视觉反应，即瞬目反应；随后，宝宝眼睛会对眼前这个东西盯视一段时间，这就是所谓的固视反应；宝宝再大一些，眼睛能随着他所盯视的东西的移动而移动。3 个月后宝宝的视野已经可达 180 度，也可看到自己的手，也能够感觉到自己的存在。此时，大多数宝宝的视觉可以平稳地跟随运动的物体，也能将视线固定在某物体上。

4～6个月

4 个月的宝宝学着撑起自己，转身和坐起时，即当他们学习着控制自己在空间的活动时，眼与身协调能力开始发展。5 个月的宝宝手、眼协调能力已能形成，有能力自由地伸手和抓住物体或把东西放进口里。6 个月的宝宝的大脑已完成学习如何把从左右眼进入的画面融合为一个单一图像的方法，双眼视觉功能已发展，或两眼已有深度感知的能力。当宝宝学习拿自己喜欢的物体时正确瞄准目标这一技能，空间感知已在不断地发展。同样，当他们在学习快速并准确地看远近间的东西时，练习自己的眼睛协调运用技能和聚焦技能，通常在将来的几个月时间，正常的视力已得到发展了。

7～9个月

在这段时间里，宝宝正确的眼睛运动控制技能相当好。很多宝宝开始爬行，眼与身体的协调也在进一步地发展，他们学习去判断距离，有自己的视觉目标（看物体并动身去拿它）。这时的宝宝灵活性大大增强，这也增加了他们探索新东西的机会。当宝宝体验某些经历时，如身体与其他物体间的关系，物体大小、形式和位置的不同时，他的视觉感知能力已在快速地发展。

10～12个月

宝宝现在能很好地判断距离，眼、手、身体的协调使他们能较准确地抓和扔东西。视觉记忆和视觉辨认使他们觉得这个崭新的世界更有趣，综合的视觉和小肌肉协调技能使他们能操执细小的物体，很多宝宝这时候已开始用手指抓吃东西。当宝宝开始学行走时，他们学习用眼睛去指导和协助身体的大肌肉群来控制整个身体的运动。

1～3岁

1～3岁宝宝的视力发育标准约能达到0.1～0.6。一般2岁时为0.4，已经可以判别事物的远近，且视线跟得上快速移动的东西，并看得清楚。3岁时为0.6，视觉较为敏锐，喜欢观察，会借由眼睛来引导手去接触新事物，眼手协调更灵活，立体视觉的建立已接近完成。从1岁开始，宝宝特别喜欢由眼睛引导手部活动，他们喜欢接触新事物，眼与手之间的协调能力也因此快速成长，视觉辨识能力在这一阶段也大大提高了。

4～6岁

4岁宝宝的视力已逐渐成熟，视力的清晰度增加，6岁时能达到1.0，基本达到成人水准。这一阶段若宝宝视力异常，会有明显的征兆：喜欢近距离看电视，喜欢眯眼或歪头看东西，喜欢揉眼睛，或对视觉活动特别不感兴趣等，这些都应该引起重视。这时，近视问题也已经浮现，如发现宝宝视力异常，需要及时接受检查与持续进行各种矫正治疗。

❓ 视觉能力培养方法

日常生活中的视觉训练

6岁以前是宝宝视觉能力和观察能力培养的敏感期，父母应抓住这个重要时期，对宝宝进行适当的视觉训练，促进宝宝专注力和辨别能力的发展。

比如，在宝宝的小床周围悬挂一些物品，经常逗宝宝看，既可以刺激宝宝眼部肌肉的发育，也可以训练宝宝抬头、转头的动作发育。放置的悬挂物位置要适当，应放在宝宝适应的视觉距离内。对于3个月的宝宝来说，应该把悬挂物放置在离宝宝眼睛60厘米左右的位置上。这个时期，宝宝多是仰卧为主，悬挂物不应置于宝宝正上方，而应在右上方或者是左上方，或者两边移动，防止宝宝因总是注视一个位置而产生斜视。选择的悬挂物也要色彩鲜明。

当宝宝能直立行走了，开始对远近、前后、左右等立体空间有了更多认识，这时可以给宝宝准备一些三维空间玩具，引导宝宝视觉从二维向三维转化，激发其想象力。

宝宝3岁以后，通过视觉能判断出物体大小、上下、内外、前后、远近等空间概念。这个时候，应充分利用游戏发展宝宝的空间视觉能力，如走迷宫、识别各种标志、各国国旗等。同时，让宝宝使用油画棒、毛笔、橡皮泥等进行绘画训练，是将视觉启智和美育教育相结合的一种方式。

环境中的视觉刺激

在适宜的视觉刺激环境中，宝宝的视力发育进一步加强。在日常生活中，父母可以适当对宝宝的视觉进行刺激，以提高宝宝的视觉能力。

父母可以给宝宝提供不同颜色和不同景象的东西，让他看，让他玩，但要避免让宝宝躺在床上超过7个小时。同时，父母要抽时间来培养宝宝的兴趣，逐渐教宝宝认识周围的事物。因为这个时期最能吸引宝宝眼睛的是一些颜色鲜艳、富有变化的东西，比如，彩色的玩具、发光的物品，都能吸引宝宝的注意。需要注意的是，宝宝的房间布置和悬挂物要适度，避免过度繁杂的物品和色彩给宝宝的视觉带来干扰，让他眼花缭乱，不知所措。如果父母给宝宝买了大量的玩具，不要一下子都展示给他，不妨收起一些，等宝宝玩一段时间之后再更换。这样，不仅能充分发挥玩具的效用，也让宝宝在玩中获得丰富的视觉体验。父母要尽可能地避免给宝宝提供有锋利边角的玩具，以免伤到宝宝的眼睛。随着宝宝年龄的增长，父母要对他进行安全教育。告诉宝宝，不用手揉眼睛。还要注意宝宝的用眼时间不要太长，让他及时进行一些户外活动或眺望，以消除眼睛疲劳，保护眼睛。

色彩感知的初步练习

色觉训练有助于宝宝视觉能力的培养。在蒙台梭利教具中，色板就是专门进行色彩识别的训练。开始练习时，可以选择 3 组成对的差别非常明显的颜色，比如，红色、蓝色和黄色，各选两块。把这 6 块颜色板挑出来放在桌子上，给宝宝看其中的一块，然后要他们从剩下的 5 块色板中找出相对应的另一块。通过这样的方式，让宝宝根据颜色来排列色板，两两对应。在这个游戏当中，可以逐渐增加颜色板的数量，最多可以增加到 8 种颜色，16 块色板。当做完差别明显的彩色板练习之后，可以用同样的方式挑出一些颜色对比不那么明显的色板。到最后，则在同一种颜色中挑出不同深浅度的色板，让宝宝根据颜色深浅度来进行排列。

在这之后，再给宝宝两个颜色（比如红色和蓝色）的 8 种深度，共 16 块色板，然后要他们把这两种颜色分组，并根据深浅度按顺序排列。随着宝宝颜色辨识能力的提高，可以使用一些相对比较接近的颜色，比如，蓝色和紫色、黄色和橘黄色等。

在这个练习过程中，你会发现宝宝的进步很快，3 岁的宝宝就能够根据颜色和深浅度来排列色板了。

另外，还可以对这些色板进行颜色记忆练习。这个练习可以按照以下步骤进行：首先，把两套颜色板中的一套 64 块色板全部堆放在一张桌子上，然后，从另一套色板中拿出一块让宝宝看，可以让他看足够长的时间，再让他去堆满色板的桌子上去找相同的色板。在这个练习中，宝宝做得非常出色，很少出错。

5 岁左右的宝宝会对这个练习表现出极大的乐趣，他们还会自己比较两块色板，来判断自己的选择是否正确。

色彩感知提升练习

· 选择不同颜色的木板

这个教具是一套裹有鲜亮色丝绸的小方块板，方块板的颜色由深到浅排列。蒙台梭利博士选择了 8 种不同颜色，这 8 种颜色分别是：黑色、红色、橘黄色、黄色、绿色、蓝色、紫色和灰色。每种颜色又都有 8 种不同深浅度的丝绸。这样，每套就有了 64 个颜色。但是，如果要给宝宝做色彩配对的练习，则需要两套这样的木板，也就是 128 块彩色的小木板。每套木板盛装在一个独立的盒子中。

· 色彩配对练习

宝宝首先要做的练习就是给颜色配对，也就是说，所有的小方块板打乱顺序堆放在一起，宝宝要从中挑出两个颜色相近的方块板，把它们并排摆在一起。父母在给宝宝做示范的时候，可以在一堆混在一起的方块板中挑出一些颜色鲜明的木板，如红色、蓝色和黄色，先挑出 3 对或 4 对这几种颜色的方块板，把它们混在一起。然后针对不同年龄的宝宝，给他们用来做颜色配对的方块板数量应该不同。如果是 3 岁大的小宝宝，可以先给他 2 对或者 3 对做练习，等他能轻松完成练习后再逐渐增加难度。最终，他们能够从混杂在一起的小方块板中，配出 10 对或 12 对颜色相近的方块板。

当宝宝的眼睛锻炼得足以识别出配对颜色的一致性时，他就可以做一种颜色的深浅色度练习，宝宝在观察每种颜色各种色度之间轻微的差别这一过程中锻炼了自己。但他们在熟知了游戏规则后，还是可能会犯错，因为他们还没有达到识别一种颜色中各种深浅色度之间的差别的阶段。宝宝只有通过不断地实践才能完善自己区分细微差别的能力，父母不用操之过急，就任由宝宝自己去练习吧。

红

黄   绿

· **色彩记忆练习**

对于大一些的宝宝来说，这种色彩感知练习能够促进宝宝色彩记忆的锻炼。在仔细地观察过一种颜色后，宝宝无需用刚才看到的颜色做引导，就能从混在一起的各类颜色中找出与其相近的颜色。这表明，宝宝是通过记忆来识别颜色的，他们不再需要用实际存在的事物，而是靠留在他们脑中的印象来比较颜色的差别。

宝宝非常喜欢这种练习，这也会引发他们在日常生活中产生类似的行为。当他们的脑中闪现出对某种颜色的印象时，他们就会在周围的环境中寻找与这种颜色相应的实际存在的事物。一旦他们能在现实生活中找到与脑中印象相对应的实际存在的事物，他们就会欣喜无比，内心充满成就感。这也表明他们的感知力和记忆色彩的能力得到了极大的提高。

视觉能力提升小游戏

少什么了：妈妈向宝宝展示几件宝宝熟悉的物品，当宝宝观察几分钟后，让宝宝闭上眼睛。妈妈藏起其中一件物品，让宝宝睁开眼睛看一看，是什么东西少了。妈妈让宝宝说出少了的物品的名称，接着妈妈可以继续藏几种物品，物品可由少到多，不断增加难度，还可以逐渐过渡到让宝宝简单描述物品的形状、颜色等，并说出它们的用途。

相同的图画：妈妈准备几张宝宝曾到过的地方的照片。妈妈拿出照片和宝宝谈论每张照片，让宝宝仔细看一看。然后，妈妈把照片顺序打乱，问宝宝："你看这张图里的小飞机，其他哪张图片还有小飞机呢？"或者妈妈给宝宝讲讲有关爸爸和妈妈的故事，或者其他亲人的故事，但这些亲人最好都是宝宝熟悉的，因为只有这样宝宝听起来才不会觉得陌生和排斥。妈妈可以边讲边向宝宝提问题，比如："这个人刚才妈妈告诉过宝宝，宝宝还记得他是谁吗？"诸如此类的问题。

户内户外看白色：家中白色的东西很多，比如，白色的杯子、白纸、白色的袜子等。由于白色非常醒目，所以便于宝宝辨识。在妈妈给宝宝指过以上这些白色的东西以后，就可以让宝宝自己在家中寻找白色的物品。妈妈也可以带宝宝到户外去寻找白色，如果是在冬天，可以带宝宝看看白色的雪；如果是在夏天，可以带宝宝看看公园里白色的花。这种训练可以使宝宝尽快认识白色。

戴帽子：妈妈准备红、蓝、黄、黑、绿、白色的彩纸各两张。妈妈用彩纸折成红、绿、黄、蓝、黑、白六种颜色的帽子各两顶，让宝宝在一旁观看；妈妈戴上黄帽子，让宝宝也戴上，并依次戴上不同颜色的帽子；当妈妈说"蓝帽子"时，宝宝能按照妈妈的指令找出蓝帽子并戴上。妈妈还可以和宝宝比赛，看谁找得准，戴得快。

捉光影：游戏在晚上或光线较暗的屋子里进行，屋子里的障碍物应少些，并有一面较大的白色墙壁。准备好大、中、小号手电筒各一只。妈妈打开手电筒，然后把电灯关掉，让宝宝不要怕黑，让宝宝找一找手电筒的光影在哪里。妈妈移动手电筒的光影位置，让宝宝跑着去捉光影。在宝宝捉到光影后，妈妈让他握住手电筒移动光影，妈妈追逐光影。妈妈引导宝宝数一数有几根光柱，比较一下大、中、小号手电筒的长短、粗细及它们发出的光影的远近、高低。

彩色眼镜：妈妈准备一些红、黄、绿色的透明玻璃糖纸，然后洗净，压平。妈妈和宝宝分别选择一张自己喜欢的糖纸，然后妈妈把糖纸贴在眼镜上，透过玻璃糖纸，眼前的东西都变成了什么颜色。做过示范之后，妈妈可以让宝宝自由调换不同颜色的玻璃糖纸，看看将它们叠在一起放在眼前，眼前的东西又变成了什么颜色。

妈妈还可以引导宝宝尝试用重叠两张或三张不同颜色的玻璃纸的方法，初步感知色彩的变化。对于表达能力比较强的宝宝，妈妈还可以引导宝宝说一说他看到了什么颜色的东西或变出了什么颜色等。

第二节
听觉

关注宝宝听力发育的关键期

0～3个月

宝宝满1个月时，他的听力已经完全发育成熟了，但还得经过一段时间，才能理解他所听到声音的意思。从一开始，宝宝对各种声音就特别关注，特别是声调较高的声音。宝宝会对熟悉的声音，例如，爸爸、妈妈的说话声做出反应，他还可能会被巨大的噪音或突如其来的声音吓一跳。日常生活中的各种声音，如走路声、关开门声、水声、刷洗声、扫地声、说话声、车声、嘈杂声等，这些声音都会给宝宝听觉上的刺激，影响宝宝听力的发育。

4～6个月

到4个月左右时，宝宝的颞叶（指大脑中负责听觉、语言和嗅觉的部分）会变得更加活跃，接收的信息也更多。所以，这时候当宝宝听到你的声音时，他可能会直接望向你，并开始咿咿呀呀地出声，或者试图回答你的话。

到6个月大时，宝宝便能够判断声音来自哪里，并在听到新的声音时，迅速朝那个方向转过头去。宝宝还能听出别人叫自己的名字，比如，当你叫他或提到他的名字时，他就会冲你看过来。这个时候，逗宝宝的一个最简单的方法，是把一串钥匙在他面前晃出响声。他可能会在你说话时专心地盯着你的嘴看，甚至还会试图模仿你音调的变化，发出类似"ma"和"ba"的声音。

7～9个月

宝宝能够感知习惯的语声，并知道自己的名字，比如，父母叫他的名字时，他听见后会转向呼叫人，并友好地微笑，表示应答。宝宝能理解简单的语言，逐渐能够听懂几个字，包括家里成员的称呼。在父母的语言指导下，会说"再见""欢迎"等话，还会用拍手表示"欢迎"，用"招手"表示再见。可逐渐根据声音来调节、控制行动，逐步学会倾听声音，而不是立即寻找声音的来源。

10～12个月

当听到父母的指令后，宝宝能够指出自己五官的各个部位，如眼睛、耳朵、嘴等。能随音乐摆手，能寻找视野以外的声音。能够和父母一样去判断声音的来源，并开始增强对词语的感觉能力。

1～3岁

此阶段的宝宝，喜欢能制造声音的玩具，而且声音越是复杂，对他的听觉发育越好。此时，他已经能够辨别音调和音质的不同。专家认为，在3岁之前，宝宝对世界的感知更多来源于耳朵，而不是眼睛。

4～6岁

3岁的宝宝，语言理解及听觉记忆都有了一定的基础，语言表达也逐渐从简单变得更长、更复杂、更生动，这为他们即将进入幼儿园，学习更多的人际交往技能、复杂的游戏等做好了准备。这时，应该多给宝宝看图画书，为年龄小点的宝宝讲故事，让宝宝以听为主、视觉为辅，这样可以让宝宝随着故事的情节指出图画中的主题。5岁时，宝宝已能够一边用手指着图画书，一边自己讲故事了，借助视觉刺激唤起听觉记忆，然后用自己的语言表达出来。

❓听觉能力培养方法

声音敏感性的练习

对于年龄很小的宝宝来说，语言训练无疑是非常重要的。这种训练还能使宝宝的耳朵对噪音保持灵敏，使宝宝能辨别出非常轻微的噪音，他们还能将噪音与正常的声音进行比较，对刺耳或者是失调的声音表现出不满。这种感觉教育很有价值，因为通过这一方式可以训练宝宝对于声音的美感，他们还能将这一体验用于实际生活中的许多方面。

父母可能都有过这样的体会，宝宝平时经常会通过叫喊、碰撞物体发出噪声来破坏屋子里的宁静。但通过声音的感知训练，宝宝会对噪音非常敏感，他们会讨厌噪音，自己也能学会在平时的生活中避免制造出各种噪音。

静寂游戏——在安静中聆听

在听觉训练教学中，蒙台梭利博士采用"静寂游戏"进行教学。在游戏过程中，首先老师就像通常所做的那样让全体宝宝保持安静。接着，为了让宝宝能更安静些，蒙台梭利博士用一系列变调说"嘘、嘘……"，时而尖锐，时而短促，有时会拉长声调，有时又像低声絮语。慢慢地，宝宝开始被这些奇怪的声音吸引住了。

蒙台梭利博士这时会对宝宝说："再安静一些，再安静一些。"接着，她继续发出"嘘、嘘……"的声音，并且用越来越轻的、几乎听不到的声音重复："再安静一些。"她会用很小的声音说道："现在我能听到钟表滴答滴答走动的声音，我可以听到苍蝇扇动翅膀发出的嗡嗡声，我甚至还能听到花园里面树木在低声说话。"

这时，宝宝已经被这个练习深深吸引住了，他们都坐在自己的位置上，尽量不发出一点声音，整个房间里安静得似乎空无一人。接下来，蒙台梭利博士小声说道："让我们慢慢闭上眼睛。"多重复几次这种练习，让宝宝熟悉静止不动和绝对安静的感觉。如果在练习的过程中有哪个宝宝破坏了这种气氛，只需要用一个音节、一个手势，就能让他立刻回到刚才安静的氛围中去了。在安静的环境中，蒙台梭利博士会制造出各种声音，开始时，这些不同的声音有着很大的差异，但是到后来就非常相似了。

蒙台梭利博士还会在声音感知练习中用到铃铛，等宝宝都安静下来后，她会轻轻摇动铃铛，发出悦耳的声音，时而平静甜美，时而轻纯动听，把这种振动传遍宝宝的全身。这种练习不仅能训练他们的听觉能力，同时，通过这些经过细心挑选的铃声，还能使其身体得到一种振动练习，使这种平和的感受能贯穿其全身。

听觉敏感度的练习

蒙台梭利博士在"儿童之家"所进行的一个很成功的实验是有关钟表的。这是一个倾听非常微小的声音和低声说话的实验。这个实验是纯粹经验性的，并不能用来测量感觉，却非常有用。整个房间似乎一点一点变空了，就好像没有人待在这里一样。接着，宝宝听到了钟表的滴答声，并且随着安静的程度越来越深，滴答声也变得越来越响。达到这种程度后，老师拉上窗帘，让宝宝闭上眼睛，趴在胳膊上休息。他们都照老师说的做了，在黑暗中，这种绝对的安静再次重现。

这时，老师走到隔壁的房间，但让房门开着，她用轻柔的声音叫小宝宝的名字，每一个被叫到的宝宝都会抬起头，睁开眼睛，脸上流露出非常幸福的表情。他从座位上轻轻地站起身，注意不碰到桌椅，走路时也会踮起脚尖，尽量不发出声音，生怕破坏了这种宁静。被叫到的那个宝宝会像是收到了礼物或者奖励一样，或是拥有了某种特权一般。尽管宝宝知道每个人都会被点到名字，但他们还是会觉得"第一个被叫到的就是最安静的一个"，所以，每个宝宝都尽量保持安静，以期获得这种奖励。

听力练习——音筒

在蒙台梭利教具中，还有一种用纸板做成的圆柱体，即听觉训练教具音筒，总共有6个，有的是完全封闭的，有的罩有木头盖子。当摇动这些圆柱体时，根据圆柱体内物体性质的不同，它们会发出强度不一的声音，从很大的声音到微弱得几乎听不到的声音。

这样的教具有两套。练习的第一步，就是在这两套圆柱体中辨别出同样强度的声音，并把发出同样强度声音的圆柱体成对摆放。接下来的练习，是更为细致地比较不同声音的强度，也就是说，宝宝要根据几何体发出声音的强弱，将六个圆柱体依序排成一排。这个练习和前面的色板练习很相似，在色板练习中，宝宝也要将颜色配对，并根据颜色深浅摆放色板。在做这个练习时，宝宝也要在桌子旁找个舒服的姿势坐好，父母给宝宝进行简单的讲解后，就让宝宝自己去做这个练习。做练习时，如果宝宝把眼睛蒙上，能更好地集中注意力。

训练宝宝的音质与音调

当宝宝 1～2 岁的时候，就已经能够辨别音调和音质的不同。蒙台梭利博士认为，宝宝的听力训练越早越好，所以，此时可以为宝宝准备不同音质和音调的教具来培养宝宝敏锐的听力。

(1) 两组乐钟。在进行肌肉知觉训练时，蒙台梭利博士使用了一套教具：音感钟。它由两组乐钟组成，包括了全音和半音的八度音阶。这些金属乐钟放在一个方形的小木桌上，它们的外观上看上去非常相似，但当用小木槌敲击时，乐钟会分别发出 do、re、mi、fa、sol、la、si、do 的音。一组乐钟按色彩顺序摆放在一块长木板上，板上漆着与放乐钟的小木桌桌面上同样尺寸的黑白长方形格子，和钢琴键一样，白色的格子代表全音阶，黑色的格子代表半音阶。不过在这里，我们先把两组乐钟里的半音符都拿走。摆放在长木板上第一组乐钟是有序排列的，它们按 do、re、mi、fa、sol、la、si、do 的顺序摆在白色的格子键上。而第二组乐钟的摆放则毫无规律可言，它们被打乱后随机地摆放在小木桌上。

(2) 听音配对。首先，让宝宝用小锤敲击已经按序摆好的那组乐钟的第一个音符（do），然后，再一个接一个地敲击第二组乐钟，宝宝通过一次又一次地尝试来找出他刚刚敲击的那个 do 音。宝宝找到对应的音调后，就把选定的乐钟与他起初敲击的长板上的那个乐钟（do 音）对立放好。接着，宝宝就敲击第一组中的第二个乐钟，乐钟发出 re 的音，宝宝可能敲击一次，也可能会多敲几次，以便能更好地听准并记住这个音。然后，宝宝在混乱无序的第二组乐钟中多次敲击，直到找出 re 的音，而后再把这个乐钟与长板上按序摆好的第二个乐钟对立放好。宝宝以同样的方式继续练习，识别出各个音符，并把选出来的乐钟摆在相应的位置。这和前面做过的木制立体插件、色板等将相应物体配对的练习非常相似。

(3) 听音排序。随后，宝宝在快速连续地敲击由自己摆放好的、排列有序的第二组乐钟时，就可以依次听到 do、re、mi、fa、sol、la、si、do，他们会逐渐熟悉各个音阶的音调。当宝宝能够辨清并记住这个音列时，他们会把第二组八个乐钟放在一起，再次打乱顺序，然后用小锤敲击它们，分辨出 do、re 等。每当宝宝拿出一个新乐钟进行练习时，他们都要从头开始把自己已经熟记的按序排列的乐钟敲击一遍——do、re，do、re、mi，do、re、mi、fa，do、re、mi、fa、sol等。通过这种方式的多次练习，到最后，宝宝单凭听音就能把所有的乐钟按音阶顺序排列。对5岁以上的宝宝来说，这个练习非常有吸引力。

(4) 培养乐感。 前面介绍的音感钟可以作为进行听觉系统训练的开端部分，另外，蒙台梭利博士还选用了一些能引起共鸣的金属管、能发出音符的小木棒以及弦乐器（小竖琴）等教具，宝宝可以利用乐钟练习所获得的经验来辨别这些乐器发出的各种音符。我们也可以用钢琴来让宝宝进行听音和辨音的练习。通过这种方式，宝宝能够发现，教具的材质不同，音质也就不同。同时，用钢琴弹奏进行曲来进行节奏练习，宝宝也能自己哼唱简单的歌曲为自己的动作伴奏，这些练习都是培养宝宝乐感的手段。

怎么教宝宝学五线谱

当宝宝知道了音调后，就如同语言需要文字来强化一样，宝宝也需要了解一下五线谱，来强化他们的听力认知。所以除了用于感觉教育的音感钟，蒙台梭利博士还使用了另外一种教具作为识谱的入门工具。首先，挑选一块长度合适的木板，把它漆成浅绿色。然后，用黑色的颜料在木板上画出五线谱，在五线谱的每条线上以及线与线之间的空白处都刻有一些圆孔，圆孔上面写着对应的高音谱号的名称。还有一套正好可以嵌入圆孔内的白色小圆片，小圆片的一面写着音符的名称（do、re、mi、fa、sol、la、si、do）。

宝宝在父母的帮助下，根据小圆片上标示的音符名称，把每一个小圆片放在木板上对应的位置，字面朝上，然后读出小圆片上音符的名字。等宝宝基本熟悉之后，他们也可以独立做这个练习，学习每个音符在五线谱上的位置。另外，父母还可以给宝宝准备微缩钢琴键盘，这种钢琴虽然很小，却具有钢琴最基本的元件。最好让琴键所有的机械装置都是可见的。宝宝用这个教具可以轻松自如地独自做练习，他们很容易在键盘上找到与五线谱上的节拍竖线相对应的音符，也能看到手指弹奏钢琴的动作。

嗅觉与味觉

❓ 关注宝宝嗅觉与味觉发育的关键期

0～3个月

新生儿的嗅觉和味觉都已经有了相当的发展，宝宝在出生最初几天，就存在味觉的性别差异，比如，女婴比男婴更喜欢甜味。一周后，能区别母乳香味，对刺激性气味表示厌恶；味觉发育成熟较早，偏爱甜味。

1个月以内宝宝便能辨别香、甜、酸等不同味道了。当把甜的液体放到宝宝嘴里时，他表现出轻松愉快的表情，并满意地吸吮起来，但对咸、酸或苦味液体则做出皱鼻子、噘嘴和不规则的呼吸等拒绝性反应。

2个月以后，宝宝已经可区分酸味、甜味、苦味和辣味了，并且对刺激性气味会产生排斥反应。此时父母可以适当地给宝宝闻一些父母可以闻的任何气味。

4～6个月

4个月后，宝宝舌头上起味道感觉作用的味蕾发育迅速，并且功能迅速完善，对食物味道的任何变化都会表现出非常敏锐的反应并留下"记忆"，此时，宝宝比较容易接受新的食物，所以这段时期最适合给宝宝添加辅食。

此时段的宝宝，总是想把所有的东西都放到嘴巴里，借由舌头学习与物品间的关系，对食物的微小改变已经很敏感了。喂辅食的时候，仔细观察便可以发现宝宝对不同味道的细微反应。

这段时间，宝宝可以辨别不同味道，并表示自己的好恶，遇到不喜欢的味道会退缩、回避。在棉棒上蘸少许稀释过的醋，让宝宝舔舐，观察宝宝是否出现回避退缩等行为，这是检查宝宝味觉是否正常的方法之一。

7～12个月

此时的宝宝的味觉处于极为发达的状态，7个月之后最为发达，过了儿童期会慢慢衰退。当宝宝长到9～12个月的时候，他们会表现出对甜味和盐味的爱好，分辨气味的能力会进一步提升。宝宝在这一阶段味觉发育最敏感，尤其喜好甜味和盐味，这可能是人的天性和本能。"甜"代表着糖和碳水化合物，而这两样是人类发育和生长的重要物质。"咸"代表着盐，它能保持宝宝体内电解质的平衡。

1岁以后

经过近半年的辅食添加，宝宝的味觉能力基本全被"开发"了。可以说，对食物味道的体验期已经结束，下一步，宝宝会把其他感觉和味觉联系到一起使用，比如，他喜欢边摸边品尝食物，对某种颜色的食物有特殊的喜好，或者很在意别人对食物味道的评价等。

❓ 嗅觉、味觉能力培养方法

嗅觉能力培养方法

• 闻酸味和臭味

可以让宝宝闻一闻醋，以感受酸味；闻一闻腐乳制品，以感受臭味。父母在训练宝宝的时候，千万不要心急，要顺其自然，因为宝宝也会用自己的味觉和嗅觉发现无穷的乐趣。

• 闻花香

在各种感知能力的训练中，味觉和嗅觉的练习是很困难的。这是因为宝宝的嗅觉并没有得到充分发展，这样一来，通过嗅觉来吸引宝宝的注意力会变得很困难。蒙台梭利博士使用过这样一种方法，她让宝宝闻鲜花的气味，比如，紫罗兰、茉莉花等。先把宝宝的眼睛蒙上，然后告诉他："现在，我们要给你闻一些鲜花。"这时，把一束紫罗兰放到宝宝的鼻子下面，让他猜这是什么花。为了让香气不至于太过浓郁，每种花用得很少，有时甚至只有一朵。至于训练嗅觉的时机，和味觉训练一样，最好放在午餐时间进行。

◆ 闻生活用品

可以将宝宝的生活用品，如香皂、浴液等给宝宝闻一闻。这种训练可以促进宝宝的嗅觉能力的发展。

◆ 闻"自然"的味道

带宝宝到户外，有意识地让宝宝体验不同的气味。比如，在花草树木繁茂的公园，让宝宝深呼吸，鼓励宝宝说说公园的空气是什么味道。在雨天过后，妈妈可以带宝宝出去呼吸一下清新的泥土气味。在冬天的第一场雪后，带宝宝出去呼吸一下空气，并问宝宝是什么味道。在车辆拥挤的大街上，让宝宝说说这里的空气是什么气味，并告诉宝宝："污浊的空气对人的身体有害，所以要保护森林和绿草。"

味觉能力培养方法

◆ 及时增加辅食

适当喂宝宝喝一点各种水果榨成的汁，一是可以刺激味觉的发展，二是可以增加维生素，为以后学会吃各种辅食做好味觉适应的准备。

宝宝从4个月开始，父母可以用小勺刮一点苹果肉喂给他吃；还可以喂一点香蕉肉、橙肉等给宝宝吃，以促进他的味觉发育。宝宝5个月时，不管母乳是否充足，都要开始逐渐增加辅食，一方面是为了满足宝宝身体发育的营养需求，另一方面也是为了让宝宝除了习惯于母乳或其他乳品的味道以外，让他的味觉早一点适应其他食品的味道（这些味道有咸的、甜的和酸的），为以后断奶做准备。有的宝宝很难断奶，依恋母乳，一个重要的原因就是没有及时给他增添辅食，使宝宝的味觉只适应母乳，而对其他食物的味道一概排斥。

◆ 用不同味道训练宝宝的味觉

让宝宝品尝各种味道的液体，如苦、酸、甜、咸等。但是味道不要太过浓烈，否则，敏感的宝宝可能会吃不消。妈妈准备一些西瓜汁、酱油、橙汁，再准备三个透明的玻璃杯和三根吸管。分别在三个透明的玻璃杯里装上西瓜汁、酱油和橙汁，然后引导宝宝来观察三个杯子中不同的颜色，并告诉宝宝："这个是红色的"，"这个是黑色的"，"这个是浅黄色的"。妈妈用吸管蘸少许西瓜汁让宝宝尝尝，然后告诉宝宝："这是西瓜汁，是甜的。"然后，蘸少许酱油让宝宝尝尝，告诉宝宝："这是酱油，是咸的。"最后，蘸少许橙汁再让宝宝尝尝："这是橙汁，是酸的。"

4岁以上的宝宝会很乐意参与这样的游戏。宝宝愿意去辨别各种味道，而且在每次测验之后，他们还学会了用一杯温水仔细地漱口。从这个角度来说，对味觉的练习也是引导宝宝讲卫生的练习。

• 自制味觉瓶

准备4种不同味道的液体：甜（如糖水）、酸（柠檬汁）、咸（盐水）、苦（苦瓜切成片放进果汁机中搅成汁）。将已准备好的甜、酸、咸、苦4种液体，分成两份，装入红色、白色杯中。

进行这个游戏时，妈妈可以拿出1个橘子，让宝宝闻一闻："是不是香香的？"宝宝因香味引起食欲时，可以剥开橘子请宝宝尝尝，然后邀请宝宝："我们再来尝尝其他味道好吗？"当宝宝兴致勃勃地看着你时，就可以取出装有不同味道的4个红色杯子和4个白色杯子了。让宝宝分别尝一尝这8个杯子的液体。在尝之前可以先漱下口，这样宝宝的味觉会更加精准。然后告诉宝宝："你可以从红色杯子中尝出和白色杯子中相同的味道吗？"当宝宝找到相同味道的味觉瓶时，就可以把红色和白色的杯子配成一对了。

• 区分口感相近的食物

准备几种宝宝喜欢的口感相近的食物，味道不能相差太多，放在不同的碗里，把这些碗在桌子上排成一排。妈妈可以告诉宝宝所有食物的名称，然后说："让我们来玩一个游戏。"妈妈用眼罩把宝宝的眼睛蒙起来，然后用汤匙舀起一种食物，让宝宝尝一尝，让他猜一猜吃的是哪一种食物；接着把食物拿到宝宝面前，让宝宝看自己猜对了没有。如果错了，就让宝宝再尝一下。用同样的方法，让宝宝尝遍所有的食物。

第四节
触觉

关注宝宝触觉发育的关键期

1～2个月

触觉是新生儿认识世界的主要方式，良好的触觉刺激是宝宝成长不可或缺的要素。宝宝出生1周后，触觉敏感性已经得到很大的发展，宝宝对身体接触，特别是对手心和脚心的接触非常敏感。父母用手轻触宝宝的手心和脚心，宝宝会有反应。慢慢地，宝宝对触摸和包裹的方法也十分敏感，喜欢柔软的感觉，不喜欢被粗鲁的摸抱，舒适的尿布和柔软的衣物布料会比粗糙的衣服更让宝宝安静。由于宝宝的先天反射还没消失，所以我们会看到宝宝经常握着小拳头。

3～4个月

此时的宝宝会伸出大拇指或食指，他们已经可以抓握东西了。宝宝的大脑神经系统的发育逐渐完善，条件反射性反应逐渐消失，会主动伸手抓住逗引他的东西。父母将手指或能发出声响的带有柄的玩具放入宝宝手中，宝宝就会将其抓握在手里。同时，他们会主动伸出小手拍打玩具，玩具在手中停留的时间也会延长。此时，父母应该多和宝宝玩耍，拿东西逗宝宝抓握，他会主动伸手抓握。

5～6个月

宝宝的触觉越来越敏锐，他们对父母的抚摸和拥抱都会很敏感。此时，父母抱宝宝的时候一定要轻柔，力度过大或者用力不当都会让宝宝感觉到不舒服，甚至他们还会表现出排斥等表现。这段期间，宝宝喜欢和父母或者是经常看护他的人接触。陌生人和宝宝的互动，宝宝则表现出明显的不喜欢，而父母的拥抱会让宝宝感觉安全舒服。

7～8个月

宝宝看到东西就会伸手去抓，不管什么都会往嘴里放。此时，他们手的动作从被动到主动，由不准确到准确。父母可以给宝宝准备一些能拿着、摇着、转着玩的玩具，如皮球、不倒翁、塑料娃娃、喇叭、铃铛等，观察宝宝是否流畅地抓握玩耍。宝宝手眼协调能力进一步增强，能将眼睛看到的和自身的身体动作建立联结反应，宝宝清醒时经常在玩自己的双手，两手在眼前握着，手指乱动状。

9～10个月

宝宝能用眼睛去找从手中掉下的东西。此时，他们喜欢拿着一根小棒去敲打另一个物品，尤其喜欢敲打能发出声音的玩具。宝宝的手指会更加灵活，如果玩具掉到桌子下面，他们还会去寻找丢掉的玩具。此时，父母可以在碗里放一些小珠子，引导宝宝抓起，观察宝宝能否顺利抓握，但要注意安全性，不要让宝宝将珠子放入嘴中。

11～12个月

此时的宝宝行走时常常是小手高高举起，过一段时间小手才会慢慢放下来，最后才能行走自如，这是宝宝在依靠小手寻找平衡。

1～3岁

1～3岁宝宝的活动会逐步走向规范。这时，妈妈所要做的就是为宝宝提供各种安全玩具让他把玩，以促进手的辨识能力的发展，同时辅助视知觉，从而进一步推进手眼协调能力的提高。此外，父母还要经常与宝宝一起游戏，开展有意义的对话和互动，这对宝宝触觉的发展大有裨益。

触觉能力培养方法

新生儿触觉训练

触觉能力的培养与训练对宝宝的整体发育非常重要，它不但包括智力，还包括心理与生活能力，将会使宝宝受益终生。开发宝宝的感触能力，可以通过以下方法：

(1) **抚摸头和四肢。** 在宝宝睡醒或洗澡时，用手掌抚摸宝宝的皮肤。其部位可以是头发、四肢、脚、腹部、背部、足背、手背等。

(2) **勾拉手指。** 让宝宝的手握住父母的食指，或父母用手指勾拉宝宝的手掌，以训练宝宝手掌的抓握能力和触觉能力的发展。

(3) **活动手掌。** 经常按摩宝宝的四指、手掌和手背，用力勾拉四指，使宝宝手掌充分活动。

(4) **用不同的织物抚摸皮肤。** 宝宝洗完澡以后，可以分别用干毛巾、丝绸布、纯棉布等不同的织物抚摸他的全身，使宝宝皮肤感受到不同的刺激。

(5) **触摸玩具。** 在宝宝床头，距他胸前 20 厘米处，轮换地悬吊不同的物品，如布娃娃、铃铛、气球等，引导宝宝用手去触摸。刚开始，可以捉住宝宝的手腕，让他摸触或拍打，以后就让宝宝自己去摸玩。

(6) **抓握小物品。** 让宝宝用双手或单手抓握一些软硬不同的物品，如绒布娃娃、海绵块、乒乓球、小药瓶等，使宝宝感受到不同物品的刺激，以训练他手的触觉能力发展。宝宝对有声响的玩具特别有兴趣，可在门窗上分别吊挂一些一抓即响的小动物玩具，逗引宝宝去抓握。经常练习，可以促使宝宝手眼协调能力的发展。

(7) **浴后刺激。** 洗澡后，用浴巾包住宝宝在床上滚动，这有利于对宝宝身体各部位触觉刺激的强化，对婴儿触觉及前庭固有平衡的发展也有帮助。还可以让宝宝躺在软垫上，在他的腋下、胸口搔痒，视宝宝的反应来控制用力的大小及刺激的强度，以训练宝宝触觉能力的发展。

(8) **感受不同物体。** 准备一些玩具，如小球、积木块、吹气玩具、绒毛兔玩具等，把宝宝抱过来，然后将玩具轻轻地在宝宝的小脸上、小脚上、身体的其他部分摩擦几下，让他体会一下这种感觉；也可以引导宝宝伸手拿这些玩具，让他体验一下不同玩具的不同感受。

鼓励宝宝伸出智慧的小手

人类的特征之一，就是直立行走之后能够把上肢解放出来，开始自由地运用双手。人类的上肢成了表达智慧的工具，手是其中最重要的组成部分。

如果我们想判定一个宝宝的智力发展程度，就应该去考察他最开始的智力表现，也就是说，我们应该研究他的语言和日常生活或劳动中对手的运用。所以说，在宝宝逐步学会各种人类的基本活动中，没有什么比他们开始使用手更加奇妙的了。我们应该热切地期待着宝宝向外界伸出他们的小手，小手机灵的活动，意味着宝宝想与外界接触，想把自我融入到世界中去。对于这样的活动，父母本应该在心中倍感欣慰、充满赞美。事实却恰恰相反，父母害怕小手伸出去破坏周围的东西，而给予宝宝过多的限制。其实，与宝宝的自由成长比起来，这些有可能被宝宝小手破坏的东西，其本身的价值微不足道。是父母潜意识中隐藏着的某种焦虑在作怪，这是他们无意识地对宝宝进行的保护，却在很大程度上限制了宝宝的行动。

闭上眼睛去触摸

对于形状的感知练习，是为了通过感觉来认识物体，也就是说，通过触觉的帮助和同时进行的肌肉感觉来认识物体。蒙台梭利博士以这种结合为基础进行了试验，获得了巨大的成功。具体方法就是利用"几何学立体组"教具，让宝宝闭上眼睛，触摸不同的立体模型，感受它们的不同，通过练习，即使是长方体与正方体，宝宝也能准确地将它们区分开来。这种感知觉练习可以通过多种方式来重复进行。

宝宝对各种刺激物的认识也会给他们带来很大的乐趣，他们会以越来越高的热情拿起身边的任何小物品。慢慢地，他们也能够学会辨别那些差别较小的物体，比如，小麦和水稻、各种不同的硬币等。宝宝对自己不用眼睛就能"看"

的能力感到非常骄傲。他们会伸出他们的小手喊道："这是我的眼睛！""我可以用我的手来看！"确实，这些小家伙们正沿着我们设计的道路在前进，他们取得的进步难以预料，每天都会令我们十分吃惊。

与宝宝一同感受触摸的乐趣

在对宝宝进行触觉培养的启蒙教育时，父母必须保持积极参与的态度，不仅要为宝宝示范是"怎么做的"，而且要在参与时尽量保持沉默。只要握住宝宝的小手，引导他用指尖尽可能轻柔地触摸两个不同的表面。父母不用对此做任何解释，只需鼓励宝宝自己去体验。当宝宝感觉到它们的不同后，就会按照父母教的方法不断地去重复体验各种不同的触觉感受。

当然，父母也可以给宝宝准备一些质地不同的东西来让他们体验。例如砂纸，或是各种质地的布料，如天鹅绒、缎子、丝绸、羊毛、棉布、粗糙亚麻等，选用颜色鲜艳明亮的布料，每种布料可以准备两块。因为有了一定的实践，宝宝能在抚摩这些不同的布料中找到极大的乐趣，为了把自己的注意力集中在所触摸的东西上，宝宝会本能地闭上双眼。有的宝宝还会用手绢把自己的眼睛蒙住，在抚摩布料时，把同种类的布一块摞在另一块上成对放好，然后把手绢解下来，检查一下自己的判断是否准确。这种触摸和抚摩练习特别吸引宝宝，还能促使宝宝在周围的环境中寻找类似的感受和体验。

重量板——让宝宝感受重量的不同

在蒙台梭利教具中还有一些小矩形木板，即重量板。这些矩形木板大小相同，不过是由不同种类的木材制造的，不同木材的密度不同，它们的重量有很大差别，颜色也不尽相同。宝宝要拿起一块木板，把它轻轻地放在手掌上，展开五指，好让木板保持平衡，木板的重量均衡地分布在手掌上。这是教宝宝如何感受重量的 个好方法。

父母可以让宝宝托着木板，上下移动手掌，掂量木板，手部的动作要尽量放轻。当宝宝能够比较敏锐地察觉出物体的重量的时候，他们上下掂量木板的动作会越来越轻，当宝宝不需要任何轻微的掂量，就能感觉出一个物体的重量的时候，这个练习的训练目的也就达到了。当然，宝宝只有不断地重复这种练习才能够达到这样的效果。

父母把这种方法展示给宝宝后，宝宝会自己蒙住眼睛，自觉地重复做这个压力感觉练习。宝宝会把不同重量的木板区分开来，比如说把较重的木板放在右侧，较轻地放在左侧。当宝宝取下蒙眼睛的手绢时，可以对照木板的颜色检查一下，看看自己的判断是否正确。

玩具令宝宝的触觉更敏锐

父母若想提高宝宝触觉反应的灵敏度，需要有目的地对宝宝进行触觉的培养。利用玩具对宝宝进行触觉的培养是多渠道的，方法也是多样的，主要方法有以下两种：

(1)让宝宝用手触摸各类玩具并感受物体的特性。比如，软、硬、光滑、粗糙、冷、热、大、小、粗、细等。以游戏"奇妙的口袋"为例，将各类玩具放入一布袋内，请宝宝闭着眼，用手伸进布袋摸一件玩具，凭手的感觉说出玩具名称、特性。再如，游戏"宝宝本领大"，先准备各种材料制成的玩具让宝宝用手触摸，说出触摸后的感觉，然后父母可以让宝宝根据某一特征，去找具备这一特征的材料制成的玩具。

(2) 充分利用宝宝的触觉器官——全身各部分的皮肤，调动一切可能的玩具资源来发展宝宝的触觉。如赤脚分别走在沙地、水泥地、石子地、泥巴地上，光着身子浸泡在不同水温的水里；与父亲的胡子进行皮肤接触；分别睡在席梦思、板床、棕榈床上；戴各种不同质地的帽子等。每一样物品都可成为宝宝的玩具，在与宝宝的皮肤、身体接触时，提高宝宝的皮肤感觉性。

宝宝早期的触觉发展，一方面，离不开感觉器官本身结构的完善和功能的成熟；另一方面，离不开客观环境的刺激和影响。父母应多为宝宝提供、制造这样的机会。

第五章

运动与成长：促进身体健康与肢体协调

第一节
强身健体

❓ 宝宝不同阶段大动作发育及促进方法

0～1个月

· 大动作发育

1个月的宝宝无法随意运动，不能改变自己身体的位置，宝宝的动作多为不规则、不协调的动作。

宝宝仰卧时，头大多转向一侧，同侧的上下肢伸直，对侧的上下肢屈曲。

安静时，可见到不对称的颈紧张等无条件反射。

俯卧位时，宝宝臀部高耸，两膝关节屈曲，两腿蜷缩在下方，头转向一侧，脸贴在床面上。

如将宝宝侧转的头移至中线位置，逗引宝宝抬头，有时可将面部刚好离开床面少许距离。

如果把宝宝的手指撬开，将合适大小的物体放在宝宝手中时，他会短时间握住手中的物体。

· 促进方法

过去，中国人习惯把新生儿，甚至2～3个月的婴儿的胳膊、腿同身体裹得紧紧的，目的是减少惊吓，使宝宝感到安全，但这样会极大地限制宝宝肢体的正常发育。因此，把宝宝裹太紧的做法是不可取的。应该让宝宝有足够的活动空间，使宝宝的呼吸功能得到促进，情绪更加活跃，运动能力更快发展。

将宝宝置于仰卧位，握住宝宝的手腕，缓慢地将宝宝拉起，宝宝的头一般会前倾和下垂，特别是快满月时，可以尝试做些这样的活动，每天练习2～3次，以此锻炼宝宝的颈部和背部肌力。

1～2个月

◆ 大动作发育

仰卧时，宝宝整个身体的姿势基本处于对称状态。

俯卧时，宝宝可以挣扎地抬起头并向四周张望，下颌能逐渐离开床面5～7厘米，但抬头时间只有1～2秒，之后头就会垂下来。

扶住肩部让宝宝坐着，宝宝的头会前倾下垂，却能使头反复地抬起来。

托着胸腹部让宝宝面朝下悬空，宝宝的头能举到与躯干同一高度，但腿会垂下去。

◆ 促进方法

妈妈将宝宝抱在身上，面向前方，爸爸在其背后忽左忽右地伸头、摇响铃铛或呼唤宝宝的名字逗引他，训练他左右转头；拉腕坐起时，宝宝的头可以自行竖直2～5秒钟。

抱宝宝时，可用两只手分别托住宝宝的背部和小屁股，把宝宝竖抱起来，让宝宝看看室内或室外的事物。这种锻炼不仅可以帮助宝宝练习抬头的动作和颈部的支撑力，而且可以引起宝宝对各种事物的关注和兴趣。由于这个月的宝宝骨骼发育还比较差，因此竖抱的持续时间不宜过长。

在宝宝俯卧时，父母用手抵住宝宝的足底，让宝宝借助全身的力量向前窜行，做出类似爬行的动作。

2～3个月

◆ 大动作发育

仰卧时，头部大多数时候处于正中位置，也可以自由地转向两侧。

双臂或者同时外展，或者把双手合在一起放在中线位置；两腿有时弯曲，有时会伸直。

俯卧时，能自动地屈曲双肘，将前臂试着撑起，抬起胸部；大腿在床面上能伸直，髋部不外展。

扶坐时，头能竖起，但不够稳定，微微有些摇动，并向前倾；用双手扶宝宝腋下使之站立，然后松开双手，宝宝能短时间内站立，然后小屁股和双膝就会弯下来。

肢体活动频繁，力量增大，学会了踢被子，盖上后，又会迅速踢掉，让妈妈爸爸无可奈何。

· 促进方法

让宝宝俯卧在床上，妈妈或爸爸拿着一些色彩鲜艳或能发出声音的玩具，在前面逗引宝宝，宝宝看到色彩鲜艳的玩具并听到响声，就会努力抬起头来寻找。宝宝的运动发育是连续性的，在宝宝能够俯卧抬头45度后，宝宝颈部肌肉的力量也在增强，双臂的力量也在增强，慢慢就可以高高地将头抬起，逐渐达到与床面呈90度角的程度，等宝宝的头部稳定并能自如地向两侧张望时，就可以把玩具从宝宝的眼前慢慢移动，先移到右边，再慢慢地移到左边，让宝宝的头随着移动的玩具转，这个方法不仅锻炼了宝宝俯卧抬头的持久力，而且也锻炼了宝宝颈部转动的灵活性。将色彩鲜艳带响的玩具固定在床上，用皮筋将玩具和宝宝手腕或脚腕连起来，当宝宝仰卧时，随着宝宝手脚不规则的摆动，玩具也在空中摇晃起来，并发出悦耳的响声。这时，摇晃的玩具会吸引宝宝的注意力，让宝宝更加兴奋地活动手脚。

3～4个月

· 大动作发育

当宝宝仰卧在床上时，宝宝的双手会自动在胸前合拢，双手相握，有时还会抬腿。

让宝宝俯卧，胳膊朝前放，然后在宝宝前方放置一个铃铛或醒目的玩具吸引他的注意力，宝宝能抬头向上并看着你。

俯卧时，会出现被动翻身的倾向，会不由自主地滚向仰卧位；将宝宝脸朝下悬空托起胸腹部，宝宝的头、腿和躯干能保持在同一高度。

扶宝宝坐起，宝宝的头会向前倾；当移动身躯或转头时，头偶尔会有晃动，但基本稳定。

宝宝的躯干上部挺直时，只有腰部会弯曲。

• 促进方法

宝宝仰卧时，父母拍手或用玩具逗引使他的脸转向侧面，并用手轻轻扶背，帮助他向侧面转动，让宝宝做左右侧及俯卧翻身练习。当宝宝翻身向侧面时，父母可以一边称赞宝宝，一边从侧边帮助他转向俯卧，让他俯卧玩一会儿，再将他翻回仰卧，休息片刻再玩。

俯卧位时，父母可站在宝宝头前逗引宝宝，宝宝会将胸部抬起，抬头看父母。同时，还可在宝宝前方用玩具逗引，从左到右、从远到近移动玩具，促使其抬头和转头。父母还可以握住宝宝的小手，仅用很小的力气将他缓慢拉起，让宝宝试着自己用力起来，日后逐渐减力，直至宝宝握住父母的手指能将自己拉起来。

4～5个月

• 大动作发育

父母用双手托住宝宝胸背部，向上举起，再落下，宝宝的双臂能向前伸直，做出自我保护的动作。

被人从腋窝抱住时，能够站立，而且身体会上下波动，两脚做轮流踏步动作；扶起时，宝宝能坐 30 分钟，头部、背脊挺直，且头和躯干能保持在一条直线上，关节可以自由活动，身体不摇晃。

扶住腰部让宝宝站立，宝宝的臀部伸展，两膝虽然略微弯曲，但已能支持大部分体重。

• 促进方法

在宝宝醒着的时候，父母可以帮助宝宝翻过身来趴着。这种姿势能够锻炼宝宝整个身体的稳定性、四肢的协调性和头部的控制能力。而且，不断地让宝宝练习趴卧，还会提高宝宝抓、够物体以及翻转身体的能力，从而为学习爬行奠定良好的基础。

紧握宝宝双手，将其缓缓拉坐起来，使其头部抬起，逐步减少头身前倾的程度，让宝宝的头和躯干保持在一条直线上。注意每天练习的时间不宜太长，不能让宝宝累着。

宝宝仰卧时，由于其头和胸部已经能够抬起，甚至有的宝宝双腿已能离开床面，身体可以腹部为支点，在床上翻身打滚。如果父母用手抵住宝宝足底，用玩具在他前面逗引，宝宝还会出现向前匍行的动作。当宝宝处于仰卧或俯卧位，并已翻身向侧边时，父母可用玩具逗引或语言鼓励，再从侧边给予帮助，让宝宝从仰卧转向俯卧，再从俯卧转回仰卧。需要注意的是，往返练习翻身一次后要休息片刻。

5～6个月

· 大动作发育

宝宝平躺时，能熟练地从仰卧位翻滚到俯卧位；趴着时，双腿能抬高伸展，并可以向各个方向翻转。

可以双手双膝支起身体，四肢伸展以使身体向前跃或向后退；能肚子贴地蠕行，支撑着向前或向后爬。

当从俯卧位翻身时，能侧身弯曲至半坐的姿势；拉着手腕坐起时，能保持平衡，腰、背挺直，能抬头，能自由活动；坐在椅子上时，能抓晃动的物品。

如果身体倾倒，宝宝能自己再坐直；可以短暂独坐，但必须身体前倾用双手支撑来维持坐姿。

扶着宝宝腰部，让宝宝站立，宝宝能上下蹦跳。

· 促进方法

父母坐在椅子上扶着宝宝腋下，让他站在父母的腿上，将宝宝提起、放下数次，锻炼宝宝小腿的支撑力，为站立打基础。

在靠坐的基础上，让宝宝练习独坐。父母可先给宝宝一定的支撑，以后逐渐撤去支撑，使其坐姿日趋平稳，逐步锻炼颈、背、腰的肌肉力量，为独坐自如打下基础。

让宝宝俯卧，父母先将手放在宝宝的脚底，利用宝宝腹部着床和原地打转的动作，帮助他向前匍行。经过一段时间的训练后，父母可在宝宝头部前方，用玩具不断跟随着宝宝的动作缓缓向前摇动，鼓励宝宝试着向前爬行够取玩具。

6～7个月

◆ 大动作发育

趴着时，已能用双手双膝撑起身体前后摇动，还能手和膝挨床面做爬行动作。用手和膝盖向前爬时，腹部会挨着床面，拖着自己匍匐前行，还可扭着屁股拖着自己一点点向前移动。

能稳定地独坐数分钟或更久；被拉着站起来时，腿会保持直挺，能站立片刻。

被扶着腋窝时，能负担身体重量站立，并上下跳跃，腿伸出行走，双眼注视脚部。

◆ 促进方法

让宝宝俯卧并将宝宝喜欢的玩具放在前方，鼓励宝宝用力向前爬行去取玩具。必要时父母可用手轻推宝宝的脚掌给予协助。

让宝宝平卧，用鲜艳带响的玩具在宝宝的一侧摇响，逗引他去取，当宝宝试图取玩具时，父母可将其胳膊轻轻推向有玩具的一方，帮助宝宝翻身抓住玩具。在此基础上还可以逐步训练宝宝连续翻滚。

7～8个月

◆ 大动作发育

宝宝可以自己坐起来，虽然头仍不时向前倾，但却能用手臂支撑身体。

当宝宝趴着时，他会弓起后背，以使自己观看四周；能自己扶着物体或靠在物体上站立，但站立后必须在别人的帮助下才能坐下来。

拉着手臂让宝宝站起来时，宝宝的一只脚会在另一只脚前面。

能自如地伸手拿玩具，也开始学捡玩具。

◆ 促进方法

将宝宝放入有扶栏的床内，先让宝宝练习自己从仰卧位扶着拉杆坐起，然后再练习拉着床栏杆站起。熟练后，可训练宝宝反复拉站起来，再主动坐下去。

在活动扶栏内挂些玩具，然后将宝宝放在扶栏内，让宝宝在扶栏下主动站立起来的基础上，跟随着栏内慢慢移动的玩具，练习挪动脚步。

8～9个月

·大动作发育

宝宝可以一只手拿着东西爬，爬行时开始懂得转方向，有些宝宝甚至学会爬楼梯。

能双手握着玩具独自坐稳，且不摔倒，坐椅子也坐得很好，可以坐着旋转90度角，而且能独自从坐姿稳稳当当地趴下。

能手扶着物体站一会儿，站起来后会自己蹲下，少数宝宝可能还会扶着墙或家具侧走。

让宝宝扶着或靠着练习站立，开始宝宝可能像个不倒翁，摇摇摆摆，父母可在其两侧用些力扶着宝宝站好，并鼓励宝宝练习独自站立片刻。或者，开始时训练宝宝稍靠着物体站立，以后逐渐撤去作为依靠的物体，让宝宝练习独自站立，哪怕只有片刻，但一定要注意安全，以免摔倒而影响下一次的练习。

·促进方法

将宝宝放在活动栏内，然后父母沿着活动栏，手持鲜艳带响的玩具逗引宝宝在扶栏内走几步。还可在活动栏内放些能吸引宝宝的玩具，让他自己扶栏蹲下去捡拾玩具或在栏内下蹲后爬行去拿取玩具。

将宝宝放入扶栏床内，先让他练习自己拉着栏杆站起，然后再用玩具逗引宝宝主动坐下去；过一会儿，再逗引他拉着床栏杆站起，再主动坐下去。如此反复锻炼，增加宝宝腰和腿部肌肉的力量。

9～10个月

·大动作发育

宝宝可以用手掌支撑地面独立站起来；可扶着家具一边移动小手一边抬脚横着走；能自如地爬上椅子，再从椅子上爬下来。

当宝宝独站或扶站时，能有意识地从站立到坐下，再从坐姿到俯卧；宝宝扶物站立时，能用一手扶物，再弯下身子用另一只手去捡起地上的玩具；能笨拙地将手中的物品放开。

· 促进方法

用双手扶在宝宝腋下，帮助宝宝站稳后，父母双手慢慢收回，训练宝宝独站，也可让宝宝靠着栏杆或背靠墙站立片刻，然后练习在无扶栏的条件下独站。在训练时，宝宝由于刚学会站，动作还不够稳定，这就需要继续加强训练，以提高站立的稳定性和持久性。

父母两手握住宝宝的小手一步一步往后退，让宝宝慢慢迈步向前走，或让宝宝扶着推车，慢慢向前推着学习迈步。

把宝宝放在活动栏内，训练他由坐位主动拉栏杆站起，再扶栏蹲下去捡拾玩具并坐下，最后从坐位躺下成俯卧位，接着训练翻身打滚。

10～11个月

· 大动作发育

宝宝能独自站立几秒钟，站立时身体可以旋转90度；如果父母拉着宝宝的双手，宝宝能走几步路。

宝宝站立时，会一手扶家具蹲下去捡地上的玩具。父母拉着时，会弯腰去捡地上的东西。

· 促进方法

在宝宝的围床上装上可转动的玩具，将宝宝放在围床上，让他手扶围栏自由走动，并鼓励他去抓取自己喜欢的玩具。

父母躺床上，鼓励宝宝从父母身上爬过去。父母也可以倚靠在床头，鼓励宝宝往父母身上爬。总之，父母要创造各种条件让宝宝通过攀爬的游戏锻炼全身肌肉。试着在距宝宝的脚3～5厘米处放个皮球，让宝宝踢着玩。这个游戏既可以训练脑的平衡功能，还可以促进眼、足、脑的协调发展，同时还可以帮助宝宝理解球形物体能滚动的事实。

11 ～ 12 个月

· 大动作发育

在没有任何依靠物品时能够站立，并能在短时间内保持平衡。

父母牵着宝宝的一只手，宝宝就能移动双腿向前走。

有的宝宝虽然已经会走，但还是比较喜欢爬，有时还会一边走一边做别的动作。

· 促进方法

父母故意把东西放在地上，然后鼓励宝宝把地上的东西捡起来交给父母。当宝宝捡起地上的东西送过来时，父母应一边说"谢谢"，一边教宝宝点头表示谢意。

在地上放一根颜色鲜艳的彩条，牵成直线和曲线，然后在宝宝的前方摆着他喜欢的玩具，父母牵着宝宝的一只手，让他慢慢沿着彩条直、弯线行走，最后拿到他喜欢的玩具。

让宝宝站稳，然后在前方逗引他，鼓励他独自走向父母。也可以把宝宝喜欢的玩具放在某个地方，鼓励宝宝自己走过去拿。

为了让宝宝尽快学会自己走，父母要重视宝宝平时的体能锻炼。宝宝在家里的时候，可以在父母的保护下，在沙发上爬上爬下。让宝宝爬楼梯也是很好的锻炼，但要注意安全。如果外出锻炼，秋千、滑梯、小山都是宝宝最喜欢的地方，父母应该充分利用这些外面条件训练宝宝行走的能力，锻炼其体能。

13 ～ 15 个月

· 大动作发育

宝宝能独自走，并且走得很好，很少因为失去平衡而跌倒。

拉着宝宝的一只手，帮助他掌握平衡，宝宝就能处于直立体位并且已经能走上楼梯。

宝宝能面向大椅子爬上去，然后转身坐下。

· 促进方法

将玩具放在距宝宝 1 米远的地方，让宝宝捡起来自己玩耍或交给父母。给宝宝准备拖拉玩具，训练宝宝拉着拖拉玩具向着指定的方向走。也可以将玩具分散在场地内，要求宝宝一个个捡回来交给父母。

把皮球放在筐里，让宝宝站在距筐 2 米左右的地方，父母发出指令后，让宝宝自己到筐里拿皮球玩，然后再让他把皮球放进筐里去。如此反复，训练宝宝朝着指定的方向走。

16 ～ 18 个月

· 大动作发育

能扶着栏杆连续两步一级地走上楼梯；父母拉着宝宝一只手帮助掌握平衡，他能自己走下楼梯。

宝宝知道设法利用椅子或凳子去够拿不到的东西。

· 促进方法

让宝宝站立，双手放在嘴前假装吹泡泡，父母念儿歌并伴随着做动作，当说到最后一个字时，可以张开手做爆炸了的动作。

父母将系在绳上的彩色蝴蝶晃动着落在某处，当宝宝去捉时，父母立刻提起，让他去追，追到后再提起，反复玩，通过游戏让宝宝练习走步、小步跑和拍的动作。也可以在墙上贴上用鲜艳的纸做成的蝴蝶，让宝宝靠墙坐着，当听到父母"看墙上有蝴蝶，快去捉"的口令时，宝宝跑过去碰一下蝴蝶，然后再回来坐下。

19 ～ 21 个月

· 大动作发育

走路自如，扶栏杆能自己上下楼梯；能连续跑 5 ～ 6 米。

能双脚连续跳，但不超过 10 次；能在宽 25 ～ 35 厘米的两条平行线中间不踩线地行走。

在父母的保护下，能在小攀登架上下2层；能迈过8～10厘米高的横杆。能将一两重的沙包投出约父母的一臂远。

◆ 促进方法

让宝宝练习追逐跑，训练宝宝的动作反应能力。在宝宝和父母身后各系一条尾巴，在做训练的过程中，父母要提醒宝宝在捉对方的尾巴的同时，还要保护好自己的尾巴不被对方捉到。被对方捉到尾巴的宝宝要大声学小猫叫。

练习攀登及蹲下的动作，培养宝宝的身体协调性，从而提高宝宝的肢体协调能力。父母画好几条鱼，涂色剪下。将小鱼分列摆在两层以上的台阶上，让宝宝扮作小猫，父母一边说儿歌："小花猫，上高台，吃完鱼，走下来。"一边教宝宝自己走上台阶去拿小鱼（可蹲下）。接着从低层弯腰取高层的小鱼，再从台阶上自己走下来。

22～24个月

◆ 大动作发育

让宝宝双脚并跳时，他能双脚同时离地和同时落地两次以上。

让宝宝站在一处周围没有依靠的地方，而后鼓励他用一只脚站立，另一只脚离开地面片刻，两侧下肢虽姿势不同，但能保持平衡；宝宝可不扶栏杆或其他东西，自己上下楼梯。

不需示范，当听到踢球的口令时，宝宝会主动踢球。

在父母的指令或示范下，宝宝能取球举手过肩，而且将球向父母方向抛出。

◆ 促进方法

让宝宝练习追物跑和踩的动作，从而提高宝宝的运动协调能力。把一根长约1米的绳子当做玩具小虫，并将玩具小虫用绳子系好。父母将玩具小虫放在地上，拉着绳子的一端拖着它跑。跑的同时，让宝宝在后面追。当宝宝追上玩具小虫时，要用脚踩住它说："我捉到了！"

25 ～ 30 个月

･ 大动作发育

能独立上、下楼梯，走路更加协调。

跑得稳，动作较协调，起跑时手的姿势正确，但不能持久，半分钟跑 25 ～ 35 米。

能双脚向前连续跳 1 ～ 2 米远；双手侧平举，能走过宽 18 ～ 20 厘米、高 18 厘米、长 2 米的平衡木，并能双脚跳下，多数姿势正确。

･ 促进方法

准备玩具若干，让宝宝闭上双眼，然后把玩具藏在家里各个角落，藏好后让宝宝睁开眼睛寻找。

在客厅的一端牵一根线，在线上挂一串剪成苹果形状的纸条，高度正好让宝宝能摘到。给宝宝一个小桶，让宝宝提着小桶去摘"苹果"。

31 ～ 36 个月

･ 大动作发育

走路姿势基本正确，能双脚交替上下楼梯。

跑步姿势基本正确，半分钟跑 35 ～ 40 米；双脚向前连续跳 3 ～ 4 米远，原地双脚跳 10 ～ 20 次，能从 20 厘米高处跳下。

双手侧平举，能走过宽 18 ～ 20 厘米、高 18 厘米、长 2 米的平衡木。

手脚配合，上下灵活地翻过 133 厘米高的攀登架；能迈过 25 ～ 30 厘米高的横杆；能将二两重的沙包投出 2.5 ～ 3 米远。

在大人的帮助下，能初步按照规则做内容简单的游戏。

･ 促进方法

准备落叶（或者其他玩具也可）若干放在客厅的一侧，用线或纸条在地上摆出一条 25 厘米宽的小路，让宝宝提着一只小篮子或者小桶从客厅的另一端出发，沿着"小路"去捡落叶。游戏时，要求宝宝不能踩到小路外面，捡到落叶后再提着小篮子返回原地。

3～4岁

・大动作发育

3～4岁的宝宝已能到处任意活动，能跳高跳远，两脚交替上下楼梯，会独脚站立5秒钟左右。

在日常生活方面，能自己洗脸洗手，在父母协助下能穿脱简单衣服。

这个年龄的宝宝由于脑功能及肌肉发育日趋完善，手指变得灵活起来，可以使用筷子、扣纽扣、画图形、会折纸、剪贴，会一页一页地翻书等。

・促进方法

妈妈准备好沙箱、小塑料铲子，还需要由几块塑料片组成的塑料拼装玩具。妈妈把一组塑料拼装玩具拆开，然后把它们埋到沙箱里。给宝宝一把塑料小铲子，告诉他在沙子里面可以挖到好玩的东西。当宝宝找到一块后，妈妈就让宝宝把它摆放在地上，继续寻找其他的塑料片。当所有的塑料片都被挖出后，妈妈可和宝宝一起把它们拼成一个整体。

此方法可提高宝宝肢体的控制能力，让宝宝的手眼能协调合作完成工作。

4～5岁

・大动作发育

4～5岁的宝宝能单脚跳跃，能抓住跳跃的球；平衡能力有了进一步发展，能脚尖对着脚跟直线向前走，能玩跷跷板、滑滑梯等。

在日常生活方面，可以很好地洗脸、刷牙、擦鼻涕，能独立穿衣服。

能很好地使用筷子，可以简单画出人的几个部分，包括头、躯干、四肢等，能画三角形、正方形等。

・促进方法

在较平坦的地面上，铺上一些纸张，每张纸上画一个小猫脚印，左一行脚印与右一行脚印前后错落排列。游戏开始后，妈妈说："喵，喵，喵，一只小猫从这里走过去了，留下两行小脚印，请我的小猫咪踩着脚印走一走吧。"然后，引导宝宝踮起脚尖踩着地面上的脚印向前行走。妈妈可以和宝宝进行比赛，看谁用脚尖踩住脚印的准确率高，走得快。

训练宝宝用脚尖走路，能让宝宝掌握更多的走路技巧，锻炼他的身体平衡能力和协调能力。

5～6岁

• 大动作发育

5～6岁的宝宝能迅速自如地奔跑，会拍球、踢球，并能边跑边踢。能连续走半小时路程，能独脚立10秒钟左右，能脚尖对着脚跟往后走。

在生活自理能力方面，能帮助父母做一些简单的家务劳动，比如，扫地、擦桌子、收拾碗筷等。

宝宝手指的动作更精巧，会用小刀削铅笔，会投球，会画比较完整的图画，能用铅笔书写10以内的阿拉伯数字以及简单的汉字，动手能力有了进一步的提高。

• 促进方法

妈妈与宝宝对立，牵着宝宝的手，然后和宝宝同时抬起左腿，待宝宝站稳后，妈妈先放开一只手，相互牵着一只手使身体站稳。过一会儿妈妈再放开另一只手，两人都用自己的单脚站立。为了引起宝宝的兴趣，妈妈可以开始数数，看谁站立的时间较长。

此方法可锻炼宝宝能在短时间内将重心放在单脚上，能延长宝宝单脚站立的时间，为以后学会攀爬、舞蹈等做好准备。

？宝宝不同阶段精细动作发育及促进方法

0～1个月

• 精细动作发育

宝宝的手经常握成小拳头，如果用玩具触碰宝宝的手掌，宝宝的手还会紧紧地握成小拳头。

宝宝握成拳头的小手，其拇指放在其他手指的外面。

· 促进方法

用拨浪鼓、带柄的玩具或妈妈的手指触碰宝宝的手掌，让宝宝紧紧握住，在他手中停留片刻后离开。宝宝松开后，妈妈再将玩具放入宝宝手心，让宝宝多次练习抓握。

将宝宝的双手放在被子外面，平放在床上，让他自由挥动拳头，看自己的手，或者把手放到嘴里吸吮（一定要把宝宝的手洗干净），这些活动能增进宝宝手指的触觉和活动能力，扩展手的活动范围。

1～2个月

· 精细动作发育

用带柄的玩具碰手掌时，宝宝能握住玩具柄 2～3 秒钟。

把环状的玩具放在宝宝手中，宝宝的小手能短暂地举起环状玩具，即使手张合或合拢，环仍在手中。

· 促进方法

父母可用带响声、色彩鲜艳的玩具，比如，摇铃、响圈儿等，训练宝宝的抓握动作。一开始，可将玩具放在宝宝手中让他握住，逐步地再用玩具的声音和颜色逗引他注意，同时触碰他的手，吸引他去抓握，每天可做多次练习。

宝宝天生就对自己的小手感到十分好奇，千万不要约束宝宝，而要创造条件，吸引宝宝看、玩自己的小手。妈妈可给宝宝的小手腕带上带响的小手镯，或者拴上颜色鲜艳的丝带，吸引他尽早对自己的小手产生兴趣。

让宝宝平躺，握住宝宝的脚踝。先将宝宝的左脚上下摇一次，再将宝宝的右脚上下摇一次，如同双脚打水状。也可在宝宝的脚腕处施力，先弯曲、伸直宝宝的左脚，再弯曲、伸直宝宝的右脚，反复 10 次。

2～3个月

· 精细动作发育

抓握东西时间更长。

平躺时，会用小手抓自己的衣服和头发。

喜欢将手里的东西放进口中。

· 促进方法

父母可以多给宝宝触摸一些质感的玩具或物体，比如，光滑的塑料玩具、软而易挤压的玩具、拿在手里会变形的玩具或表面坑坑洼洼的玩具等。让宝宝的手尽可能多地增加一些触觉的感受。

在宝宝小床的上方，低低地悬挂一些色彩鲜艳的软塑动物玩具或其他东西，先晃动悬挂物引发宝宝的注意，然后拉着宝宝的手帮他抓，慢慢地逗引宝宝自己伸手去抓。

3～4个月

· 精细动作发育

宝宝会把他感兴趣的东西放进口中；当看见玩具时，他会伸手去抓，但不一定能抓到。

当宝宝盖着薄被子时，他的双臂会上下活动，能抓住被子遮住自己的脸。

如果有支撑，宝宝能坐直 10～15 分钟，且头部稳定，背部坚实。

· 促进方法

将悬挂着的带响声的玩具拿到宝宝面前摇晃，使其注视，然后将玩具放在宝宝胸前伸手即可抓到的地方，激发他去碰和抓。如果宝宝抓了几次，仍抓不到玩具，就将玩具直接放在他的手中，让他握住，然后再放开玩具，继续教他学抓。若宝宝只看玩具不伸手抓，可用玩具触他的小手，逗引他伸手抓，或将玩具放在他手中摇晃他的手，让玩具发响并逗引他听。

4～5个月

· 精细动作发育

稍稍显示出大拇指与手掌的相对位置,常用大拇指与食指抓物,手掌能稍微翻转。

如果将摇铃放在宝宝的手上，宝宝会握住玩耍。

当把宝宝抱到桌前，不论桌面上是否有玩具，他的手指都比较活跃地摸抓桌面。而当桌面上摆有其他物体时，宝宝会用手指去触碰它。

· 促进方法

在桌上放几种不同的玩具，鼓励宝宝抓握，反复训练他准确抓握的能力。需要注意的是，供宝宝抓握的玩具要经常更换，以免宝宝厌倦。

将宝宝抱成坐位，面前放一些彩色小气球等，训练宝宝伸手抓握，培养宝宝接近、触摸和摆弄物体的能力。开始训练宝宝的肘部，玩具可放在宝宝伸手就能抓到的地方，方便宝宝抓握，等宝宝会伸手抓握后，可将玩具逐渐移到远一些的地方，接着再在更远些的位置放置小彩球让他抓，观察他能否继续伸手向远处抓，能否将彩球从一只手转到另一只手等。

把一些容易抓握和带响的玩具摆放在宝宝的面前，锻炼宝宝的抓握、摆弄和敲摇的能力。当宝宝看到玩具后，父母要鼓励他伸手抓握这些玩具，教宝宝拿着玩具敲一敲、摇一摇，训练宝宝手指的运动能力。

5～6个月

· 精细动作发育

宝宝所有的手指都能做出抓的动作。

将小玩具放在宝宝身边，宝宝能用一只手臂伸向玩具，并把玩具抓在掌心。

吃奶时，双手能握住奶瓶；宝宝手中拿着玩具时，可以转动手腕，将物品拿在手中转。

将宝宝的衣服盖在他的脸上，他会自己用手将衣服拿开。

◆ 促进方法

将宝宝抱成坐位，在他面前放一些彩色小气球等物品，玩具可从大到小。开始训练时，玩具放在宝宝一伸手就可抓到的地方，逐渐移到远一些的地方，让宝宝伸手去抓握，并让他学习将小气球从一只手转到另一只手，从而培养宝宝手的灵活性。

让宝宝坐在桌旁，在桌上摆数种玩具，父母一个接一个地将玩具塞进宝宝小手，当宝宝的两只手都握有玩具时，继续给他第三个、第四个……促使宝宝像猴子掰玉米一样，扔掉一个玩具再拿一个玩具，不断练习抓握，增进手的灵活性。

6～7个月

◆ 精细动作发育

能自由地弯曲手指做出抓的动作，还能用拇指和其他手指一起对捏、拨弄小物件。

能将物体从一只手传递到另一只手中，然后再用空着的手去取物。

宝宝抓握到玩具后，玩具并没有握到手心里，而是偏向大拇指的手掌位置。

◆ 促进方法

在宝宝面前放一件拖拉玩具，和宝宝一起拉着玩耍。一开始父母可扶着宝宝一起拉过来，然后再鼓励宝宝用拇、食指去捏取拴在拖拉玩具上的线拖拉玩具。也可用软塑料玩具在宝宝面前一捏一叫，鼓励宝宝把玩具捏出叫声，训练其拇指和食指的小肌肉动作。

选用不同质地和形状的带响玩具，让宝宝一手拿一个，如左手拿块方木，右手拿带响的塑料玩具，给宝宝示范并鼓励宝宝对敲，然后更换不同质地和不同形状的玩具，鼓励他继续对敲，让宝宝在接触不同质地和形状的玩具的同时也听到不同音质的音响，促进其感知能力的发展。

7～8个月

◆ 精细动作发育

能用大拇指、食指与中指握住积木，大拇指与食指可合作拿物，能拾起地上的小东西；手拿着摇铃至少可摇 3 分钟。

当宝宝够取玩具时，手指会极力伸向玩具，且会集中全部注意力。

• 促进方法

训练拇、食指对捏，首先从练习捏取小物品，如糖豆、爆米花等入手，每日可训练数次。训练拇、食指对捏时，父母一定要陪宝宝一起玩，以免他将这些小物品塞进口腔、鼻腔发生危险。

鼓励宝宝用食指深入洞内钩取小物品，用食指拨动玩具，比如，拨转盘（如旧式电话）、球（如乒乓球）、按键（如新式电话），或用食指伸入小药瓶口（瓶口直径需达 2 厘米以上）去拨药片等，都能达到训练食指动作技巧的作用。做这些活动时，需注意所用物料的安全性，比如，所用小药瓶直径一定粗于宝宝手指直径 2 厘米以上。

8～9个月

• 精细动作发育

会在胸前拍手或拿着两样东西相互击打；能自己拿着奶瓶喝奶，奶瓶掉了会自己捡起来。

会用食指指东西和方向，会用食指挖洞或抠东西。

• 促进方法

在盘子里放几粒小糖丸（比如珠子糖、小豆子、爆米花、葡萄干或其他小型颗粒），让宝宝注视并用手去摆弄、捏取，锻炼宝宝小手的捏取能力，让宝宝的小手更加灵活，手眼协调功能得到相应发展。

在宝宝面前放一个广口瓶或杯子，另将一块小方木放在宝宝手中，父母先示范，将方木投入瓶（或杯子）内，然后再鼓励宝宝将方木从瓶（或杯子）内取出来。可以连续练习几次。这项活动可以既锻炼宝宝捏、取、抓、握等能力，也能增强宝宝的手腿协调性，但需注意的是，瓶口或杯口不宜过小，直径须大于宝宝的手掌宽度 2 厘米以上为宜。

9 ～ 10 个月

• 精细动作发育

能用拇指、食指熟练地捏住小物件。

可用一只手拿两件小东西，有些宝宝还会分工用双手，一手持物，一手玩弄。

会用手指出身体的部位，如头、手、脚等。

• 促进方法

做击球游戏时，可以让宝宝坐在床上或干净的地板上，在宝宝前面放一个皮球，父母先用小木棍轻轻地击球给宝宝看，然后把皮球再拿到宝宝面前，并把小木棒交给宝宝，一边说"宝宝，把球打出去"，一边指导宝宝击球。如果宝宝不知道怎样做，父母可以手把手教宝宝，当宝宝学会了之后，父母也可以拿一个小木棒和宝宝对击。击球游戏，既能促进宝宝手部骨骼和肌肉的发育，又能增强宝宝的观察力和判断力。

10 ～ 11 个月

• 精细动作发育

会连续性地使用双手，如蹲下时，可以用一只手捡东西，一只手扶着支撑物。

有些宝宝会自己脱袜子、解鞋带。

能有意识地将手里的小玩具放到容器中，但动作仍显笨拙。

• 促进方法

在宝宝面前放三个小碗，将蚕豆、黄豆和绿豆混合在一起放在旁边，父母示范将三种豆子挑出来，分别放在不同的盘子里，然后鼓励宝宝用拇、食指对捏的方法，将蚕豆、黄豆和绿豆分别放在不同的容器里。

让宝宝坐在桌前，在桌上放一张白纸和一只彩色蜡笔，先训练宝宝全手握住蜡笔在纸上"作画"。不管宝宝画得怎样，父母都要给予鼓励，但不要硬性地指导宝宝，这样会打消他"作画"的积极性。

11～12个月

• 精细动作发育

宝宝的拇指与其他四指已经能很好地配合，能把容器上的盖子拧下来。

已经能学着父母的样子拿着笔在纸上涂鸦；会用拇指与食指或中指的指端捏小物件，并用食指指东西。

会模仿父母的样子推东西。

• 促进方法

给宝宝一堆积木，然后父母手把手教他将积木一块一块向上搭，练习多次后，让他自己学着搭，他能向上搭两块积木。

在桌面放上小糖丸、积木、小瓶、盖子、小勺、小碗、水瓶等东西，陪宝宝玩耍。让他看到这些东西就知道用积木玩搭高，将盖子扣在瓶子上，知道用水瓶喝水，用拇食指捏起小糖丸，将小勺放在小碗里"准备吃饭"等，经过多方面的训陈，锻炼宝宝手的灵活性，提高手的精细动作技能。

13～15个月

• 精细动作发育

把小糖丸放进瓶子里后，宝宝能自己从瓶中取出小糖丸。

能用笔在纸上自行乱画。

• 促进方法

准备两个瓶子，在一个瓶子里装几粒豆子，让宝宝练习对准瓶口，将瓶里的豆子倒入另一个瓶子里。刚开始，宝宝可能会撒落一地豆子，但经过多次练习，宝宝就能够准确地将豆子从一个瓶子倒入另一个瓶子内，而不撒到外面。这种游戏可以锻炼宝宝手的灵活性和准确性。

父母先示范，然后教宝宝由简单到复杂学着插片，练习造型。插片可以训练宝宝手部小肌肉的协调功能，这是一种要求有较高协调能力和较灵活手部小肌肉关节活动的游戏，对宝宝来说难度比较大，因此妈妈不要操之过急，一定要慢慢来。

给宝宝5粒花生，一个小碗，然后让宝宝用拇指和食指对捏花生捡到碗里，训练宝宝的手指肌肉。注意每次不宜给宝宝过多的花生，以免宝宝失去兴趣。

16～18个月

◆ 精细动作发育

不需父母帮助，宝宝能用积木搭起四层塔。

将一本图书放在宝宝面前，当父母给他讲书上的画时，他能用手从一个方向把书页翻过去，每次2～3页。

◆ 促进方法

给宝宝一些彩环，父母示范后，让他学习将彩环套在垂直的塑料柱上，通过游戏训练宝宝手指的准确性和灵活性。

父母先示范用细塑料绳穿扣眼，然后让宝宝模仿，通过游戏训练宝宝手的动作的准确性和眼手协调能力。

父母先示范，然后让宝宝用拇、食指捏起小糖丸往杯里投，4～5个后，可倒出来重新再投。游戏可以培养宝宝手的准确性和眼手脑的协调能力。

19～21个月

◆ 精细动作发育

握笔：在父母的引导下，会握笔在纸上画出线条。

折纸：会折两折及三折，但不成形状。

捡豆：起初是大把抓，而后是两指捏、三指捏，每次一个，每分钟可捡10～15个。

搭积木：能搭高5～6块。

穿扣眼：用玻璃丝能穿过扣眼，有时还能将玻璃丝拉过去。

• 促进方法

给宝宝准备大小不同的两层套盒，父母先示范，然后让宝宝将盒拿出来，再放进去。也可在一个盒内放几个小球，让宝宝一个个拿出来，再放进去，训练宝宝手指肌肉的动作。

给宝宝一个扣子和一条塑料绳，让宝宝用塑料绳练习穿扣眼，穿过扣眼后再教他从另一面将塑料绳拉出来，训练宝宝的手眼协调能力。一般这个年龄段的宝宝可穿过 3 个以上扣子。

22 ～ 24 个月

• 精细动作发育

能一页一页地翻书；能用拇指和其他手指拿笔，而不再像以前大把抓握，出现比较成熟的握笔姿势。

"拧"的工作比较精细，能盖紧或拧紧瓶盖，而不仅仅是盖上了事。

• 促进方法

父母和宝宝相对蹲在地面，父母将皮球滚给宝宝，然后宝宝要将球滚回。这个游戏可培养宝宝的注意力，训练其手指的灵活性。

准备一个小铃铛，父母先示范做拍或者摇铃铛的动作，然后让宝宝模仿，训练宝宝手指和手腕的灵活性。

给宝宝一张纸、一支笔，父母先示范在纸上画出一些东西，然后让宝宝自己模仿着拿笔在纸上随意画，训练宝宝画出明显的线条，而不再是在纸上点点。

25 ～ 30 个月

• 精细动作发育

握笔：姿势较前正确，会画规则的线条、圆圈等。

折纸：会叠方块，边角基本整齐，到 2 岁半时能角对角地折成三角形。

搭积木：能用积木摆出简单的物体形状，如，火车。到 2 岁半时，能用 4

块积木搭成房子。

穿扣子：能熟练地用玻璃丝连续穿 4～5 个扣子，并能将线拉出。

• 促进方法

为宝宝准备有洞的纸条若干，父母先示范撕纸，然后让宝宝自己学撕纸，撕好后放在纸篓里，训练宝宝手指动作的灵活性。

用面粉捏一些"糖果"晾干，然后给宝宝准备一些色彩鲜艳的彩色纸，父母先示范包糖的技巧，然后让宝宝自己包。

准备一些正方形的纸，父母先用一张正方形纸角对角示范折两次，然后让宝宝自己动手学着折。

31～36个月

• 精细动作发育

握笔：姿势正确，懂得用左手扶纸，会模仿画气球、下雨、栏杆等。

折纸：能折正方形、三角形、长方形和小扇子、风琴，边角整齐。

搭积木：能用积木搭成滑梯、汽车等。

穿扣子：能熟练地用玻璃丝连续穿 5 个以上扣子，并能将线拉出。

穿脱衣服：会自己脱衣服、鞋、袜；穿前面开口的衣服时，会按子母扣和系大一点的扣子；会自己穿鞋、袜和裤子。

• 促进方法

用涂上颜色的绘画纸剪好蝴蝶，每个蝴蝶都用铜丝系好，并准备棉签若干。给宝宝一根棉签，调好颜色的色盘一个，鼓励宝宝用棉签在色盘中蘸取颜色，然后点在蝴蝶的大翅膀上，做成花蝴蝶。这个活动能训练宝宝手指小肌肉的动作，培养其手眼协调能力，同时增进其于腕的灵活性。

准备电视塔的图片一张，长方形积木若干。先让宝宝观察图片，然后给宝宝 8～9 块积木，父母示范教宝宝照着图片学习搭电视塔，再让宝宝自己搭。同样可用积木练习搭大桥、滑梯、大楼等。

3～4岁

◆ 精细动作发育

模仿体操活动，在做模仿操时，动作能跟上节拍，并能基本到位。会自己喝水、吃饭，正确用勺，不掉或少掉饭粒，认识自己的标记。懂得基本的游戏、学习的规则。

这时，宝宝能自然协调地行走、跑、跳，基本能掌握钻、爬、攀登的动作。知道饭前便后要洗手，会正确的漱口和擦嘴。初步学会自己洗手、刷牙，能正确使用毛巾擦手。

宝宝会投掷，能抛接球，能玩大型的器械。能一页一页地翻书，自己看出故事的大概内容。能单足跳，会临摹图形，会剪图片，能跳远、走独木桥，会扣衣服纽扣，并能区分前后面。

◆ 促进方法

准备一些夹子和一张长方形的厚硬纸板，夹子最好选用较松、较小的塑料夹。然后，妈妈教宝宝用夹子一个接一个地夹成一条长龙的样子。妈妈先在硬纸板上画一个龙头，剪下来后在上面夹上一个夹子，把第二个夹子夹在第一个上面，第三个夹在第二个上面，这样就更像一条长龙了。最后，让宝宝模仿妈妈用夹子夹硬纸板。

除此之外，妈妈还可以在阳台上拴一条细绳，放在宝宝能够到的位置，然后引导宝宝把洗过的小手帕等夹在细绳上。宝宝做完这些动作以后，妈妈要记得表扬宝宝爱劳动，以激发宝宝的兴趣。生活中还有许多地方要用到夹子，妈妈应尽量让宝宝用用、玩玩，并鼓励其想象出更多的新玩法。

手部小肌肉群的发展对于宝宝今后的学习、工作、生活来说非常重要，练习使用夹子是非常精细的动作，这个动作能够很好地发展宝宝的小肌肉动作能力。

4～5岁

◆ 精细动作发育

能按照节奏做操，动作精细；能比较好地控制平衡。会使用运动器械，愿意尝试新的玩法。能独立进餐，会使筷子，能分发餐具；能自己正确地盥洗餐具。

能动作协调地做出走、跑、跳、投、平衡、钻、爬、攀登的动作；能手眼协调地进行建构、拼插游戏；会整理自己的床和物品。

• 促进方法

准备彩色气球1个、纸盒或小筐1个、椅子1把。宝宝和妈妈面对面站立或蹲下，用双手相互滚接、抛接彩球。妈妈和宝宝坐在垫子上，两手撑地，上身向后仰，用双脚争抢一个彩球，妈妈应尽量多给宝宝夹球的机会，让宝宝夹到彩球。宝宝坐在垫子上，两手撑地，用双脚把彩球夹到椅子下面的"球门"里。

此方法能锻炼宝宝两臂支撑身体、双脚夹球，以及屈膝、伸腿、抬腿等动作，对宝宝脚部动作的要求较高，要求宝宝有较好的控制力和灵活性。

5～6岁

• 精细动作发育

此时的宝宝，能整齐有力地做操，能听指令变换队形，能手眼协调地进行各种精细动作；爱思考、爱提问，愿意动手操作；身体平衡力及控制力也有所改善，但仍有轻度的手脚不灵活，粗心及不安静；喜欢做大量体力活动的游戏；能熟练地用蜡笔、铅笔、剪刀等动手的工作。

宝宝能灵活、协调、快速地进行体育活动；能做简单的家务，爱清洁，讲卫生；会用纸折衣服和裤子。

宝宝能较好地完成各种动作，有创造性地进行各种活动；自己能剪手指甲、脚趾甲，手的精细动作比较好，用指甲刀也会恰到好处。

• 促进方法

准备卡纸、胶棒、剪刀、胶条、吸管和铅笔。妈妈在彩色卡纸上分别画出不同大小、不同形状的图案，然后让宝宝将它们剪下来。妈妈再指导宝宝将大小、颜色不同的图形分别粘在一起，做成花朵。最后，再让宝宝用胶条将吸管固定在花朵的背面做花的茎，翻过来后，一朵漂亮的纸花就做成了。妈妈要留心，不要让宝宝玩剪刀，以免伤到宝宝。

第二节
健脑益智

❓ 运动可以刺激宝宝的大脑发育

宝宝的运动能力与生俱来

胎儿早在子宫里的时候就开始运动了，即胎动。因此，宝宝刚出生就具备了较强的运动能力。新生儿的运动能力，一部分属于原始反射，比如，踏步反射，这种动作会在宝宝出生后2个月左右逐渐消失；另一部分运动能力则会随月龄的增长而增强，比如，抬头、爬行等。

新生儿拥有许多先天的运动本领，比如，会将手放到嘴边甚至伸进口内吸吮；四肢会做伸屈运动；妈妈和宝宝说话时，宝宝会随音节有节奏地运动，表现为转头、手上举、伸腿等动作。

新生儿还有一些反射性活动。比如，爬行反射，让新生儿俯卧在床上，妈妈用手抵住他的两脚，宝宝会趁势向前爬行；行走反射，扶宝宝光脚直立在床上，宝宝两腿会交替向前迈步，做踏步动作；游泳反射，在水下分娩的宝宝，可在水中游来游去而不呛水；抓握反射，将食指放在新生儿的掌心时能立即感到手指被他攥紧了，妈妈可借此将宝宝的手提在空中停留几秒钟。

宝宝这些先天就有的能力，如果不及时加以练习，几个月后就会自然消失，如果及时训练，这种先天的反射就会变成后天的本领。

智力与运动密切相关

运动能使大脑处于最初的启动或放松状态，人的想象力会从多种思维的束缚中解脱出来，变得更加敏捷，更富于创造。同时，运动还能促进脑中多种神经递质的活力，使大脑思维反应更为活跃、敏捷，并通过提高心脑功能，加快血液循环，使大脑享受到更多的氧气和养分。宝宝的大脑正处于发育状态，运动可以使大脑得到更多的刺激，从而起到提升智力的作用。

蒙台梭利博士通过仔细观察发现，宝宝是通过运动来发展大脑的。拿语言的发展来说，语言能力是随着发音器官肌肉的完善而不断提高的。宝宝也是通过运动来提高自己的理解力的。运动帮助大脑发育，发育后的大脑对运动又起帮助作用，这是一个循环过程。所以，如果宝宝的感觉器官活动机会少的话，他的心智水平也将处于很低的水平。对于父母来说，明白这一点极其重要，所以不要将宝宝整天关在家里，这会剥夺他们运动的权利。

爬行有助于宝宝大脑发育

研究表明，没有经过爬行阶段的宝宝，可能会影响今后宝宝神经功能的发展。爬行中宝宝的手脚相互配合，而视觉则在由坐姿转到爬行，由爬行转到站立过程中起着重要的调整作用。因此，宝宝在爬行时，正在整合影响姿势及平衡能力的视觉、前庭感觉以及肢体感觉，达到四肢、躯干、眼脑以及神经的协调，对大脑的发育和智力的开发有非常重要的意义。

宝宝在7个月时，多是匍匐爬行，以腹部着地，四肢不规则地划动，往往不是向前而是向后退，或者在原地转动；到8、9个月时发展为四肢爬行，用手和膝盖爬行；最后发展为两臂和两脚都伸直，用手和脚爬行。父母可通过以下游戏来教宝宝练习爬行。

抵足爬行：让宝宝俯卧在床上，父母用手掌顶住宝宝的脚，宝宝就会自动地蹬住你的手往前爬。开始时，宝宝可能还不会借力使劲，整个身体也不能抬高离开床，父母不妨从旁扶着他的身体，必要时可用一点外力帮助宝宝前进。每天练习2～4次，每次爬行2～4米，要天天坚持。

上肢准备：俯卧抬头两臂撑起上半身，可用镜子、玩具、画报、人脸逗引宝宝抬头。出生15天后，可适当练习；满月后，每天3～4次，可累计半小时。

单臂支撑体重：当宝宝学会上述动作后，可在其俯卧时，用玩具在他一侧手臂上方逗引他抓玩具，两臂可轮流练习。

前臂交叉练习：宝宝俯卧在床边，父母把两手掌向上，垫在宝宝的掌下，前面用玩具逗引，交叉移动手掌，带动宝宝两臂交叉运动。

下肢准备：可将宝宝跪抱在你的大腿上，或当你仰卧时，让他跪在你的体侧，手扶着你的身体；可和他一起看画报、念儿歌、玩玩具，使宝宝锻炼膝部的支撑力量。

两腿交叉运动：宝宝腹下垫上枕头呈俯卧位，你用双手抓住宝宝踝部，做前后交叉运动。

四肢协调爬行：让宝宝手膝（或手足）着地，腹部离开床面，四肢协调爬行。若宝宝腹部不能离开床面或不能向前移动，可用手托住宝宝腹部或用长围巾兜住腹部，用玩具诱导他爬行。

手部运动促进宝宝大脑发育

著名教育学家苏霍姆林斯基说："儿童的智慧在手指头上。"科学家研究证实，人的大脑皮质和手指相关联的神经所占面积最广泛，大拇指运动区相当于大腿运动区的 10 倍，可见手和大脑有着千丝万缕的联系。

有位对手脑关系作过多年研究的学者指出，要培养聪明伶俐、才智过人的宝宝，就必须让他们锻炼手指的活动能力。因为手指活动能刺激大脑皮质运动区，促使某些特殊、积极而富于创造性的区域更加活跃。进一步增强大脑的思维能力，手脑并用的结果使宝宝心灵手巧。儿童时期是大脑发育最快的时期，皮质细胞在 3 岁时已基本分化完成，所以这期间是宝宝智力发育的关键时期。又因为手受大脑的控制，手的活动是对大脑的活动的最好表征。

蒙台梭利博士认为，如果宝宝不能让他的双手得到充分的锻炼，他的性格形成就会处于一个很低的水准，表现为不听话、没有激情、懒惰和情绪低落。能够很好地使用双手的宝宝比不经常用手的宝宝发展得更快，并且性格要更坚强。

抓或拿的动作是宝宝学会运动的最初动作。在抓的动作出现之前，宝宝会把注意力放在手上。原来潜意识的理解能力现在已经变成有意识的了。我们通过观察发现，首先引起宝宝注意的不是脚而是手。随后，抓的动作有了新的发展，它已经不再像以前那样是一种本能的动作，而变成一种有意识的动作。在宝宝 10 个月大时，周围的环境会引起他内心的极大兴趣，随之宝宝也会产生一种强烈的愿望。那时，他们想要做的事情，就不仅仅是一种简单的抓的动作了。

宝宝可以通过挪动物体充分展现自己手的能力。他们在对自己所处的周围环境中的东西有了清楚的了解之后，便开始行动了。此时，父母会发现那些小家伙们，会不停地打开或关上抽屉或盒子等，他们会拿出橱柜中的衣服，或者把瓶塞从瓶子中拿出来，之后把篮子中的小东西弄得满地都是，之后，他们也许又会把它们装回去。此时，请父母不要抱怨，因为宝宝在通过自己的方式活动他们的双手，这样宝宝才会对自己手的控制能力越来越强。

宝宝需要通过运动带动感官系统发育

蒙台梭利博士说："运动或身体的活动对心理的发展，要比视觉和听觉更重要。"或许有些人会认为这句话有些不可思议。但事实的确如此，因为我们的眼睛和耳朵可以根据物理的甚至是机械的规律来发挥作用的，眼睛也一直被描绘成"充满活力的照相机"，他们都能机械地活动，但只有在我们的心理作用下，这些器官才不会只做机械的运动，此时他们才会变成我们获得知识的工具。

对于宝宝来说，什么时候他们可以用心地调动起这些感官系统呢？那就是在宝宝运动的时候。对于稍小的宝宝来说，他们学习的初衷不是来源于"我想……"而来源于一个吸引他们的东西。当一个东西吸引他们了，他们才会和这个东西有所互动。也就是在这个互动的过程中，宝宝才会调动起所有的感知，最终将这些感知变成智慧。然而，能够引起宝宝兴奋的不是洋娃娃，也不是小汽车，而是自然。他们就像是考古学家或者是摄影家，在不断捕捉自然界中最美好的东西。所以我们说，宝宝的运动比视觉和听觉更重要，运动带领着感觉器官去真正体验那些美好的东西。

运动可让宝宝智力与心智更加成熟

成年人都知道运动对于身体的重要性，对于宝宝来说，运动给他们带来的不仅是身体上的健康，更是智力与心智上的成熟。如果我们总是对宝宝的运动加以阻挠的话，就会导致宝宝心智发展的失衡。

我们总是把宝宝比喻成嫩芽，想让他们茁壮成长，成为参天大树；我们也总是把宝宝比喻成花朵，比喻成天使。这说明，在父母的印象中，或者是潜意识中，我们认为宝宝就应该是安静的，无法到处活动的，这种想法有些盲目。所有人都承认感觉器官的发展对智力发展的重要性，也承认运动对于宝宝发展的重要性，但是，我们却剥夺了宝宝运动的权利，在有限的环境中，他们更无法将视觉和听觉运用在自然之中。如果一个正在发育中的宝宝不运用他的运动器官，他的发展就会受阻，与那些丧失了视力或听觉的人比起来，他更加举步维艰。

我们知道，从事体育运动能使人得益。这类运动不仅仅有益于身体健康，还能激发自身的勇气和自信。运动还具有一种精神上的影响力，能够提高人的理想和唤起旁观者的巨大热情。这些心理上的影响意义要比纯粹身体方面的影响深远得多。宝宝的成长是通过他们个人的努力和从事各种活动的方式，因此他的发展既依靠心理的因素，又依靠身体的因素。对于宝宝来说，能够回忆起他所获得的感官印象，并把它保存下来是极为重要的。因为一个人是通过他所获得的感官印象来形成智力的。正是通过这种秘密的心灵工作，宝宝的心智和理性才得到发展。归根结底，人与其他动物的区别，就在于人可以很理性地处理事物，运用理性做判断，并通过意志的作用，决定他自己的行动方向。

运动可以完善宝宝的大脑发育

运动能够锻炼宝宝的骨骼和肌肉，促进身体各部分器官及其功能的发育，发展身体平衡能力和灵活性，从而促进大脑和小脑之间的功能联系，促进脑的发育，为智力的发展提供生理基础。

宝宝满周岁后，运动能力明显提高，爬得更灵活，站得更稳，能迈步行走、转弯、下蹲、后退等。宝宝这时不仅在运动中开始探索、认识周围的环境，而且对周围的环境开始产生一定的影响，宝宝从学会使用工具逐渐发展到了制造工具，其主动性、创造性都得到了发展。

运动不仅仅是一种自我表现，更是发展意识不可或缺的因素，因为运动是自我与客观环境建立一种明确关系的唯一途径。因此，运动或身体活动，是智力发展的一个基本因素，因为智力的发展有赖于从外界获得感官材料。宝宝在他们运动的过程中，也就是与这个世界亲密接触的时候。他们会将自己所看到的、所摸到的、所感受到的事物储存在大脑里，之后在心灵中沉淀，最终通过身体和心灵上的两种活动，来获得对于事物的概念和从外部表现自我。

限制宝宝活动会阻碍宝宝智力的发展

研究显示，凡坚持每天持续 20 分钟的跑步、健美操等运动的学生，其学习成绩明显优于那些疏于运动者。对于宝宝来说也是一样。宝宝的生活世界由三个镜头构成，睡眠、饮食以及运动，他们彼此交替、昼夜上演。其中的"运动"，随着宝宝月龄的增加，活动量也越来越惊人。运动的好处在于促进神经、肌肉以及骨骼的生长，对自我身体形象的建立及对外在环境的认识均有所助益。宝宝的动作如果发展得好，可以保护自己不会跌倒，还可以控制环境、超越障碍，避免许多潜在的危险，像是跨过水沟、越过高地等。但是，倘若父母对宝宝的运动加以限制的话，就会打断宝宝的成长规律，让宝宝的智力发展也会受到限制。

另一方面，身体的活动与一个人的个性是密切相关的，没有一样东西可以代替它。一个人如果没有认识到这一点，就会对自身产生不利的影响。当我们讲到"肌肉"时，我们通常把它描述为身体器官。这种概念与我们所说的精神概念是对立的。精神无需物质成分，因而也没有任何机制。所以被限制自由的宝宝会整日处于苦痛之中，他们失去了自由，也失去了获得知识的机会。如果把宝宝限制在狭小的空间内，只让他在床上睡觉，玩一些无聊的玩具，在狭小的活动区域，见到很少的人，这样宝宝会失去可以通过环境来获得知识的天赋，他们也就无法变得聪明而富有活力。

不同年龄段宝宝的大脑开发运动

从运动医学角度来看，凡是有氧运动皆有健身、健脑作用，尤以弹跳运动为佳。弹跳运动之所以如此富有魔力，主要得益于弹跳过程中产生的振动。医学研究表明，人的生命与健康离不开振动。因为人体本身就是由一系列振动系统构成的，如胃有规律的收缩、肠的不停蠕动、心脏的不息搏动、肺的呼吸吐纳等。如果宝宝常做弹跳运动，将这种外源性振动与内源性振动结合起来，健身与健脑的效益会更加突出。

但是不同年龄段的宝宝应该有不同的活动方式，或者是说跳跃方式。

10个月左右的宝宝开始尝试站立，此时父母可扶宝宝站立起来，并用手托住其两侧腋窝，宝宝将会借力用两脚频频跳跃。

1岁半后的宝宝，可在床上或光洁的地板上放一坐垫，让宝宝站在坐垫上往下跳。

对于2岁宝宝来说，已经能完成坐、立、行、走、爬、跳等基本动作，但上楼梯还较为笨拙。这时的宝宝手指运用已接近成熟，能手眼配合灵巧地叠起多块积木。

另外，在跳跃运动中，他们可以做"兔跳游戏"，即父母在前面双脚跳动做示范，宝宝模仿着向前跳；或者父母两手拉着宝宝的小手，让他借力向上跳。

到了3岁，宝宝的大肌肉发展较快，身体动作也比以前协调，一般都喜欢跑、跳。刚进入此年龄段的宝宝上下楼梯时，仍要双脚踏在同一阶梯后，才能继续前进；但3岁半以后，就能双脚交替前行了。在弹跳运动中首选跳绳。因为跳绳以下肢弹跳及后蹬动作为主，并带动手臂、腰部、腹部的肌群运动，促使呼吸加深加快，吸氧增多，二氧化碳排泄加速，加上绳子刺激拇指穴位，两脚心不断地被地面按摩，通过足反射区刺激大脑，思维、记忆、联想力大增。

父母也可以让宝宝多接触一些幼儿舞蹈，因为跳舞可锻炼并提升大脑对外界信号的敏锐度与记忆力。根据调查表明，坚持学习舞蹈的宝宝，其文化课成绩动作协调能力都比较好。同时，弹跳运动对骨骼、肌肉、肺及血液循环系统都是一种很好的锻炼，从而使宝宝长得更高、更壮、更健康。此外，这种运动对人体免疫系统的淋巴系统也很有益。这对增强宝宝对多种疾病，特别是感染性疾病的抵抗力具有重要的价值。

等宝宝到了4岁时，他的手指已较灵活，可以使用画笔或剪刀画简单的圆或做简单的剪贴；也能自己穿脱衣裤、扣纽扣、刷牙、穿鞋袜。此时，他们的体力增长，跑、跳、攀爬、单脚站立、抛接球等基本动作都很熟练，还可以步行较长的一段路。

5岁以后的宝宝能自如地控制手腕，能折纸和纯熟地用剪刀，会使用筷子夹菜吃饭。他们的一些运动速度已与成人类似，行走、跑跳相当稳健，可自如地在一条窄线上行走，不再左右摇摆。同时，他们攀、爬、滑、滚等运动的技巧已相当纯熟。在这里要提醒父母的是，让宝宝的运动顺其自然，我们不要觉得运动对宝宝有好处，就让他们不停地运动，这样会造成肌肉组织的疲劳，运动也要循序渐进。此外，父母应该多抽出些时间，每天和宝宝一起到户外做各种运动，比如，双休日带宝宝上公园或郊游、爬山，进行耐力和有氧锻炼。这样宝宝不仅可以锻炼他们的身体，还可以在大自然中开阔视野，增长智力。

❓ 手工劳动，由心及手开发宝宝的创造才能

缝缝补补的乐趣

当宝宝大一些，就可以教小家伙缝缝补补的基本技巧了。可以让宝宝参与缝纫工作的准备。比如，让宝宝在商店挑选布料和花边。这样能激发宝宝的创造力，同时教授宝宝一些不同质地布料的知识，把注意力集中在缝纫的乐趣上。让宝宝不用一开始就希望能缝得针脚平整。宝宝的线会打结儿、缝的线歪歪扭扭，这都没有关系，这是宝宝在学习过程中必然的经历。

另外，父母需要检查工具的安全。告诉宝宝安全使用针、别针和剪刀的方法。如果宝宝要使用缝纫机，确保宝宝知道如何关掉开关，如何让手指躲开运动的针头。

学做剪贴画

当宝宝3岁时，就可以让他学习使用安全剪刀和胶棒，通过剪剪贴贴，创造出更为复杂的图像。父母不妨为他提供一些软硬各异、薄厚不同的纸张，甚至是一些布料、橡皮泥等进行快乐裁剪，快乐制作，让他体会剪刀来回裁剪时的不同感觉，这是对宝宝手、眼、脑配合的最佳训练。可以让宝宝对比较熟悉的人或物进行创作，譬如把蒲扇想成父母的脸，给它粘贴上五官；或是为宝宝

喜欢的恐龙和汽车设计一些故事情节，让宝宝通过剪贴表现出来。

在这里需要提醒父母的是：最好带宝宝去观察生活中的实物，这样才能让他有想象空间。如果宝宝之前接受过简笔画、蒙纸画或者填色画等训练，最好还是别让他受之束缚，而要鼓励他坚持独立创作。当宝宝能够熟悉和敏感地制作平面作品的元素和形象的时候，就可以让他进入立体世界的创作，通过空间的造型来展现更加丰富的情节。譬如，启发宝宝对于同一元素进行发散思维，同样一个圆形，可以贴成米老鼠的耳朵、餐桌上的盘子、天空中的太阳。又如，同样是一个纸筒，加上一个底就是一只杯子；加上一个把手，就是喇叭；加上一个纸筒，就是望远镜。宝宝进行这种自由创作的前提，是来自于对丰富生活的观察和体验。

宝宝把看到的、脑中想象的东西还原成立体作品时，需要综合运用方向感、空间感和逻辑能力，如果作品构图紊乱，内容缺少秩序，说明他这方面的能力还较弱，需重复训练。如果宝宝不能顺立地独自把作品完成，可能是因为他缺乏自信，不妨通过反复练习来加以提高。

在一系列纸游戏中，父母应为宝宝提供尽可能多的素材，以及在他思路枯竭时给予适当的启发。如果宝宝没有求助时，父母最好不要加以干涉。

教宝宝做橡皮泥

做橡皮泥是宝宝比较喜欢的一项手工劳动，父母可以和宝宝一起动手来做，这样可以大大激发宝宝自己动手的兴趣。父母要准备以下材料：面粉250克，糯米粉60克，盐、蜂蜜各10克，食用防腐剂30克。

准备好之后，就可以带领宝宝一起来做橡皮泥了。

第一步用开水和面，注意将防腐剂化在水中，这样分布可以更均匀，防腐效果好些。另外，在用水的时候，一定要让宝宝注意水温，不要被烫到。此时，也是让他们学会冒热气的东西不要碰，否则会受伤。

第二步，父母可以让宝宝把盐、蜂蜜等和面团一起揉，直到面很润为止。父母可以和宝宝一起揉面团，毕竟宝宝的力气还不是很大。但是父母一定不要一个人包办，这样宝宝会没有参与感，也会觉得自己很无能。

第三步，把面团分成几份，放入蒸锅蒸或煮 25 ～ 35 分钟，就像蒸馒头一样。此时，可以让宝宝学会看时间，让他们知道 25 分钟与钟表指针之间的关系。

第四步，把蒸好的面团待温度合适后再揉搓，直到滑润为止。最累的就是这步，也需要极大的耐心，这一步决定了橡皮泥的质量。此时，可加颜色（油彩就可以，没有的水彩也可以）一起揉匀。也可以用时先添加颜色，这样橡皮泥存放时间可以久点。父母揉大块的，宝宝揉小块的，这样不仅可以锻炼宝宝手部的小肌肉，还可以锻炼宝宝手指的力度。

最后一步，就是将不用的部分用保鲜膜密封包好待用。另外，作品完成后请注意防潮。

教宝宝做手工布艺

利用家里零散的碎布头可以制作出很多布艺装饰物，方法也比较简单。我们只需要为宝宝准备一些碎布头、针线和剪刀就可以了。刚开始，父母可以教宝宝如何做，以后，就可以让宝宝自己发挥想象力做各式各样的布艺了。

比如做一个布娃娃。首先，做一个娃娃的身体。由于是麻布没有弹力，所以要剪牙口，而且边缘塞棉一定要全撑起来，棉花的多少看自己的喜好，大部分会塞得很硬。胳膊腿要柔软一些。如果没有棉花，也可以塞一些布条。塞好棉花后，从头顶下针缝眼睛，绣五官，腮红用化妆用的腮红就可以。鼻子用粉色麻布剪成三角，缝上就行，也可以用画的。

父母不用要求宝宝做出来的娃娃有多么的精致，主要是在这个过程中锻炼宝宝的小手的精细动作。或许宝宝会做出让你十分惊诧的、充满想象力的艺术品。

教宝宝学制陶工艺

蒙台梭利博士考虑到，在宝宝成长过程中，要给其最大的自由，让其按照自身发展规律自然发展，所以她不想让宝宝仿制任何东西，她只让他们用黏土按照自己的意愿去塑造。而且她也不会去指导宝宝做有用的产品，也不求完成什么教育计划，因为泥塑工作是为宝宝自发表现中的心理个性研究进行服务的，而不是为了进行教育。

陶器除具有生活和精神意义以外，还有另外一种实用价值：它适于塑造各种形式的装饰品，为艺术家发挥个人的艺术天才提供一个自由的天地。一旦学会了制陶工艺，就可以根据自己的审美趣味和艺术灵感进行塑造。所以，这个手工活动非常适合宝宝，宝宝可以在这项工作中自由发挥。当宝宝学会了制作陶器，他们会很细致地保存自己的作品，而且为之骄傲，并进一步发挥自身的想象力进行创作，比如，将鸡蛋和水果等放入自己制作的陶器里。开始是用红土做一个简单的陶器，装上用白土做成的鸡蛋，然后再仿制带有一个把或两个把并带有小口的陶器，以及带有两耳或三耳的三脚鼎、酒罐等。5～6岁的宝宝开始使用陶工旋盘进行工作。但宝宝最喜欢的还是用小砖砌墙，然后欣赏自己的劳动成果。

当然，这种手工活动对于一些宝宝来说有点"望而生畏"，但是玩黏土有着和陶艺异曲同工的妙处。另外，对于一些初学钢琴的宝宝来说，老师会建议他们去多玩黏土，这样可以培养他们手指的力度，因为钢琴的声音大小是依靠手指的力度来表现的。

❓ 在游戏中让宝宝证明自己的"大智慧"

宝宝需要游戏

游戏与宝宝是分不开的，游戏给予宝宝与生俱来的自然成长的力量，游戏着的宝宝才会表现出活泼、本真、纯洁、好奇、探索、幻想、快乐乃至顽皮、淘气的本性。

游戏是宝宝一系列感官与机体运动机能的发挥和运用的活动过程。在游戏中，宝宝身体的各种生理器官和系统处于自觉的活动状态，从而得到协调和自然的发展，实现着机体生活的新陈代谢和生长发育。游戏中的角色扮演可以为宝宝提供丰富、积极的情绪情感体验。游戏中的宝宝有对物的操作，有与人的交流，在直接经验中，扩展和加深着对环境及自我的认识与理解、体验与感悟。

让宝宝模仿你的动作

父母通常会觉得，3～6岁的宝宝比较顽皮、爱动，所以就会给他们准备一堆的玩具，甚至还把这一年龄阶段称为"玩的年龄"。然而，这是父母与宝宝之间存在的一道鸿沟，因为宝宝现在所需要的并不只是玩具。这个年龄段的宝宝需要接触各种不同的东西，可父母总是禁止宝宝触摸很多他们想要触摸的东西。

即使是幼小的宝宝也同样保持着对外界事物的敏感，享受着与真实自然相处的快乐。他们的唯一想法就是加入到周围环境中发生的事情中去，他们与成年人一样做着几乎同样的事情。比如，当妈妈洗衣服、做面包或做蛋糕时，他们也会加入其中。虽然他的这些行为也带有模仿性，但这是一种有选择性的、聪明的模仿。宝宝想通过这些行为为自己参与周围活动做准备，当然，宝宝做这些事情是为了满足自己的需要，满足他们自我发展的需要。

宝宝运动智能开发小游戏

小猫钓鱼：当宝宝躺在自己的婴儿床里时，妈妈用双手紧紧握住宝宝的双手，感受宝宝的力气，然后慢慢地将他拎起，使他从躺的姿势变成坐的姿势。这个游戏可锻炼宝宝全身的肌肉、提高肌耐力，有助于宝宝日后学习爬行和走路。建议此游戏每天做3～5次。

踩自行车：将宝宝的脚抬起来，并用左右手各自抓住宝宝的左右脚，一前一后帮宝宝做运动，就好像宝宝在踩自行车那样。帮宝宝换尿布、洗澡时，比较适合玩这个游戏。这个游戏有利于锻炼宝宝的腿部肌肉。做运动时，越是年龄小的宝宝，动作越要轻柔。刚开始做这个游戏时，运动的频率要比较慢，然后再逐渐加快。同时，为了增强游戏的趣味性，你可以在帮宝宝做运动时，配合节奏念唱儿歌。

滑滑梯：妈妈坐在地上或床上，屈膝，把自己的小腿当做是滑梯，让宝宝从膝盖下方慢慢下滑。做游戏时要注意，妈妈的手一定要护着宝宝，尤其是颈部。

这个游戏既可增强宝宝的平衡感，又可增强空间感知觉。这个游戏不但适合小宝宝，也适合6个月以上的宝宝。父母可以坐在椅子上，让整个腿伸直，使滑梯的长度变长、倾斜度变大，让宝宝玩。做游戏时要注意，妈妈的大拇指让宝宝的五个手指握住，妈妈剩余的四个手指抓住宝宝的手腕，以保证宝宝的手腕不受伤。6个月以上的宝宝在玩这个游戏时，可将宝宝整个人吊挂起来，轻轻地前后摇晃。在做游戏时，不要前后、左右地胡乱摇晃，否则很容易让宝宝的关节受伤。

我是小青蛙：这个时期的宝宝不会做跳的动作，但这个游戏可以让他体验跳的感觉：妈妈坐在椅子上，双手抱着宝宝，把他的双腿放在你的大腿上，然后你的脚跟有节奏地抬起、放下，宝宝就可以感受跳跃的感觉。你还可以同时念儿歌："我是小青蛙，我爱跳、跳。"这个游戏十分好玩，宝宝一定会喜欢，而且它有利于宝宝腿部的肌力、肌耐力、弹跳力的发展。

我是小球手：抓东西、拿东西的动作可促进宝宝手部的小肌肉运动。在这一时期，玩"我是小球手"的游戏比较适合：让宝宝在地上或床上坐着，然后你滚一个球给他，让他去抓这个球，可训练他的手眼协调能力。有时，当宝宝抓住一个球后，你不妨再滚一个球给他，看看他会如何反应：是放掉先前抓的球呢，还是用另一个手去抓第二个球。

走线游戏：走线就是事先用粉笔、颜料或有色宽胶带等在地板的一大片空地上画出一条线，然后宝宝踩着这些线，以脚尖对脚跟的方式慢慢行走。除了一条线，有时也可以画两条椭圆形的同轴线，宝宝会学着像钢索演员那样前脚接后脚地踏线而行。为了保持平衡，宝宝也会竭尽全力稳住自己。父母可以自己也做这样的练习，向宝宝展示自己是如何放脚的，之后宝宝就会在后面模仿。此时，也可以播放音乐来配合宝宝的练习。可以选择一首非常简单的进行曲，进行曲的开始节奏不要很快，也不要很明显，但要能给宝宝伴奏，激发宝宝的自发努力意识。慢慢地，宝宝也能够听懂音乐了。这个游戏也非常适合在家庭中进行"亲子走线"，父母利用工作之余或周末，在家里客厅地板上做一条线或做一个"椭圆"，配合欢快或舒缓的音乐，带着宝宝进行"线上"活动。此项活动，不仅能把宝宝从"看电视"中解脱出来，还能密切亲子关系，增进亲子感情。

第六章

情商提升：
成就一生好性格

好性格

把握住宝宝性格的形成期

胎儿性格受母体外环境的影响

父母在孕育之初，会尽一切可能地减少平时的坏习惯，比如，会刻意戒烟、戒酒，尽可能少接触辐射，也正因为这种健康的孕育过程，才生下了健康的宝宝。宝宝的健康情况，也取决于胚胎时可能受到的来自周围环境的影响。如果胚胎的生活环境良好，宝宝就会强壮而健康；如果环境不好，宝宝就会体弱多病。自然，他们的性格也会受到环境的影响。

对宝宝的性格最可能造成影响的就是出生的那个过程。出生的过程不仅是考验妈妈的过程，也是一个幼小生命在经历环境改变的一个蜕变的过程。蒙台梭利博士将这个过程称之为"出生创伤"。"出生创伤"造成衰退的危险性非常之大，它会造成非常严重的后果，所以父母要尽量避免宝宝受到太大的心理伤害，在出生后让宝宝和妈妈在一起，将损害减小到最低。

0～6岁是性格的形成阶段

从宝宝出生到其18岁可以分为三个阶段：0～6岁、6～12岁和12～18岁。如果我们分别对这些阶段进行研究就会发现，这些阶段其心理有巨大的差别，而且不同个体之间也存在着差别。0～6岁是宝宝性格成长的重要阶段，也是本书主要分析的阶段。

0～6岁是性格形成的重要阶段。很多父母认为，刚刚出生的宝宝没有"性格"，这是错误的认识，宝宝从呱呱落地的那一刻开始，就以其独特的方式感受着周围世界，而且一个人的性格形成，恰恰发源于此。这段时间不仅学会了人类的基本生存技能，对一个人的性格发展也非常重要。我们都知道，对于宝宝来说，我们不能施加任何的外在影响，而且这些宝宝也没有好与坏的分辨意识，他们不受任何道德观念的影响。

宝宝以自己的方式塑造性格

宝宝的性格不是成年人教出来的，宝宝会以令人惊讶的方式塑造自己的性格，父母所能做的就是进行科学的引导，让宝宝能够不受打扰和阻碍，并有效地完成这一过程。宝宝的性格在0～6岁的过程中被塑造，而且6岁之前就定型了。倘若宝宝在6岁前依旧保有性格缺陷的话，那么，在他今后的人生历程中，难免会出现性格及心理上的偏差。这样的宝宝也会经常被老师抱怨，父母或许会成为教师办公室的常客，因为他常常表现出任性、冷漠或不听任何劝告等偏差。如果父母要以道理和言论的形式教育宝宝，那么我们只能等到他们长到6岁以后，因为只有当宝宝6岁时，他们才开始逐步明确良知与是非观念；到了12岁的时候，父母可以对宝宝施加更多的影响，那时他们有了各种理想和观念，父母就可以像对待成年人那样去对待他们了。

宝宝性格的形成与自身的努力有关

蒙台梭利博士对于性格的研究就是从0～6岁的宝宝身上展开的。她认为，宝宝只有通过自己的努力才能促进自身性格的发展。宝宝所做的努力与外部因素没有关系，而主要取决于他们的创造潜能和他们在日常生活中所遇到的障碍。蒙台梭利博士认为，对于性格的培养必须从宝宝出生开始，也就是他们的性格和个性还没有形成的时候开始，直到他们的性格和个性完全形成的时候为止。深深植根于人们潜意识中的想法会决定人的心理发展，也就是说，人与人之间的区别大都取决于他们后来生活的不同。因为人在后来的生活道路上会遇到许多障碍，这些障碍又会对人的心理产生各种各样的影响。因此，我们通过对宝宝行为的研究来探讨人的性格。

家庭教育对宝宝的性格影响很大

在他们出生后的最初几年中，家庭教育对宝宝的性格形成非常重要。除了传统的教育，我们还必须将宝宝的性格教育纳入到育儿教育之中。父母往往对宝宝的美德很看重，比如，勇气、坚毅、责任感等。

现在，独生子女逐渐增多，越来越多的人对宝宝的性格发展表示担忧。调查研究发现，大多数宝宝都存在或多或少的性格问题，他们有的自私、冷漠，不懂得关爱、尊重他人；有的缺乏诚信与公平的概念，不懂得以诚待人、公平对待他人；有的过于孤僻，不懂得与其他人合作；有的没有责任感、缺乏毅力、不能吃苦等。在宝宝的性格还没完全定型时，对宝宝进行及时的培养和帮助，可以为宝宝未来性格形成和发展打下基础。宝宝与父母朝夕相处，父母的言谈举止、性格行为及教育方式对宝宝起着潜移默化的熏陶作用，因而家庭教育对宝宝性格的形成十分重要。

良好的性格是学习的动力

宝宝不爱学习不是因为他们智商不够，而是因为他们缺乏良好的性格。没有好的性格就没有动力。只有那些具有基本性格或个性的人才能学到东西。但大多数情况下，宝宝都还没有形成一定的性格。如果他们根本没有形成仔细认真的习惯和特性，那他们又怎么可能按照老师的要求做到认真仔细呢？这就好比我们让一个刚刚出生的宝宝好好走路一样。他们没有这个能力，所以也做不到。所以，父母必须要利用宝宝的性格形成期，帮助他们形成一个完美的性格。

取消对宝宝性格发展过程中的限制

如果宝宝在性格成型阶段受到阻碍，就会抹杀许多他们发挥创造潜能的机会。我们要让宝宝按自己的方式发展，只有他们自己才知道他们真正需要的是什么。只要我们给他们准备充足的条件和优质的环境，取消对宝宝的限制，这就是对宝宝的成长有益的事情。在传统的教育中，我们为宝宝的成长设置了很多的障碍，而新式的教育正将这些墙壁和障碍拆除，让宝宝恢复广阔的视野，让他们的心灵得到慰藉。或许对于教育制度来说，这种改革会持续很长时间，但是父母是宝宝的第一任老师，我们要确保让宝宝在 6 岁前完善他们的性格，为以后生活做努力。

怎样培养宝宝的好性格

培养宝宝的性格，父母除了用正确的教育态度和良好的性格榜样影响宝宝外，还必须有目的、有计划地进行教育和培养：

(1) 满足宝宝的合理要求

需求是宝宝心理发展的原始动力，宝宝的许多性格特征都是直接由需求是否得到满足而产生的。有的父母一味地迁就宝宝，随心所欲地满足宝宝的各种需求，这会助长宝宝的任性固执、物质欲强、蛮横无理等性格的膨胀。也有的父母不重视或随意回绝宝宝的要求，使宝宝的心理一次次受到刺伤，希望变为失望乃至愤怒、对抗。当他看到别的宝宝因为得到满足而兴高采烈时，便会由原来的羡慕变为妒忌，不愿与人交往。因此，父母一定要懂得宝宝的心理，设法满足宝宝的合理要求，使其处在一种满意、振奋、进取的心境中。

(2) 对宝宝进行正面的思想教育

人生观和世界观是个性倾向的核心，它直接制约着性格的形成和发展方向、速度与水平，因此父母要用先进的思想和观点教育宝宝，使他们能够分清真善美和假恶丑，正确对待现实。

(3) 鼓励宝宝参加各种有益活动

性格的形成是一个缓慢的过程，仅有情感上的体验和思想上的认识是不够的，还必须通过多种实际活动的锻炼才能形成良好的性格特征。如要培养宝宝热爱学习的性格，不仅要使他们懂得学习的意义，体验成功的乐趣，还要使爱学习的态度通过经常性学习活动反复强化，才能成为习惯化的行为方式与性格特征。因此，父母要让宝宝多参加各种实际活动，从中受到锻炼。

良好的环境有利于宝宝的性格构建

蒙台梭利的"儿童之家"之所以受到那么多人的青睐与好评，就是因为在那里的宝宝原有的性格缺陷在一定程度上得到弥补。宝宝发现自己生活在一个可以自由发挥的环境里，他们可以自由发挥他们的潜能。蒙台梭利博士为宝宝提供了很多有趣的东西，他们可以自主地进行使用，每一样东西都可以吸引并集中他们的注意力。一旦这种注意力达到这一程度，他们就可以集中精力做一件有趣的事情，他们身上的所有缺陷也就会随之消失达到"正常化"。比如，以前不自律的宝宝变得自律了，以前被动的宝宝变得主动了，以前顽皮的宝宝变得懂事了等等。

这一现象告诉我们，宝宝的这些缺陷是后天造成的而不是天生的。宝宝之间并没有太大的不同。所有这些不正常现象都源于一个原因，那就是宝宝的心理没有得到充分的滋养。所以在这里要给父母一些建议，应该让宝宝生活在一个他们自己感兴趣的环境下，在这样的环境中，宝宝可以做自己喜欢的事情，并且当宝宝一旦开始做起事情，那就是全神贯注的，不希望被打扰的。

如果宝宝能够自主决定自己的事情，完善自己的心理，那么什么缺陷都不会出现。宝宝所面临的心理问题会消失，也不再做噩梦，他们的消化、吸收等生理障碍也会恢复正常，原因就在于他们的心理变得正常了。因此，缺乏个性或个性缺陷都会自然消失，不需要成年人进行说教。父母对宝宝的威胁、利诱都是没有用处的，我们要做的就是为宝宝提供一个正常的生活环境。一般来说，具有活泼、开朗、热情、乐观性格的宝宝，大都生活在和谐融洽的家庭气氛中，他们父母与家人之间的关系也都非常融洽。父母须谨记，为宝宝提供一个良好的环境，不仅包括周围具体的玩具、物品等，同时也包括充满爱的家庭氛围。

❓ 宝宝需要逐渐独立的过程

培养宝宝独立性格的好处

独立自主性是指在思考、想象和活动中，较显著地不依赖、不追随别人，能够相对独立地进行活动。独立自主是健康人格的表现之一，它对宝宝的生活、学习以及其成年后事业的成功和家庭生活的美满都具有非常重要的影响力。很多父母都觉得，宝宝小而且还不懂事，能做的事情也很少，要等到宝宝大些才开始培养他的独立性。其实不然，也许宝宝还不能自己去做什么事情，但是独立性的性格和意识应该是越早培养越好。

出生对宝宝来说意味着独立

蒙台梭利博士认为，宝宝从出生开始就是在独立地进行成长的过程。这种成长的力量来源于他们体内的内在作用，帕西·纳恩称之为"有目的的行动"。这种行为就像是宝宝一种从心底向外发出的意愿，它是一种生命的推动力，也是人类进化的源泉。正是这一重要的力量，可以使宝宝在成长的过程中做出各种行为，比如，最初的咿呀学语和蹒跚行走。如果每个宝宝都可以在这种自然力量的促使下不断地成长，那么他们的内心将处于一种愉悦的状态中。

所以蒙台梭利博士觉得，宝宝本身应该是独立的，他们不应该受制于父母。换句话说，如果我们对宝宝自然发展给予足够关心，并非是阻碍的话，宝宝就会逐步达到独立。这不仅适用于他们的心理成长，也适用于身体成长。父母一定注意到宝宝是多么渴望能够独立而充分地运用他们的小手和小脚。从宝宝出生后，他们就被这个世界所吸引，他们"贪婪"地吸收着周围的文化、知识、语言等，这一切都是宝宝迈向独立的标志。

6个月是宝宝独立的一个里程碑

当宝宝6个月左右时，他们就已经达到了一种非常独立的程度了。蒙台梭利博士很注重宝宝的这一时期，她将这个时期称为宝宝的"第一个里程碑"。6个月的宝宝，胃开始分泌胃酸帮助其消化，开始长牙，他们的身体也开始以一定的规律逐渐成长。所以此时，他们可以不再继续吃母乳，至少可以吃一些与母乳混合的食物。但是在此之前，宝宝得完全依赖于母乳，无法消化吸收其他食物。这是宝宝饮食上独立的开始。

大约在这个时期，宝宝也能够进行第一次的发音了。此后，宝宝当然还会继续发育，直到最终的独立，但是这一切都从说话开始。因为当他可以表达自己的思想的时候，别人就不用再猜测他的需要了。能够突破语言关，与他人交流，是宝宝独立的基本原则。

走路是宝宝独立的基础

当宝宝 1 岁左右的时候就开始学会走路了。他们可以掌控自己的脚了，不需要在父母的帮助下行动，起初，出于好奇心，他们总是会四处乱跑。此时，他们的独立不再仅限于思维了，他们真的自由了，他们可以实实在在地行动了。

对于宝宝来说，学习走路非常重要。一般情况下，宝宝 6 个月大时能够坐起来，8 个月时能够爬行，10 个月时可以站立，12 ～ 13 个月时可以行走。宝宝在得到一项技能后，绝对不会放着不用。宝宝在逐步获得了独立生活的能力后，他们就要自由地使用这些能力，好让这些能力能够快速发展起来。

允许宝宝摆脱你的依靠

当宝宝会说话了、会走路了，他们就会获得更高层次的体验。此时的宝宝就会想要扩大自己的独立范围了。他总是想根据自己的意愿"肆意"行事，比如，他们想自己提东西，想自己穿衣服，想自己使用筷子……所有的一切都不是父母要他们做的，而是他们自己要做。他们的愿望是如此的强烈，以至于父母都会担心是不是过早了、要不要阻止他们等，可是阻止的行为往往会让他们哭闹或者发脾气。请父母记住，阻止宝宝的无害行为，是违背自然规律的。当他们可以自由选择的时候，就让他们自己决定好了。此时的宝宝很想摆脱对父母的依靠，因为他们已经在精神上也要求独立了。宝宝想要通过自己的思考获取经验，而不是依靠别人。他们开始关注各种事情，也寻找各种事情的发生原因，此时也正是他们的性格形成期。我们给予宝宝足够的自由活动空间，可以让他们独立地发挥自己的作用。这不是蒙台梭利博士提出的虚空理论，而是她通过大量的观察和实践所得出来的教育事实。

独立是自然赋予宝宝的本能

宝宝独立的过程是通过一系列的活动而达到的。独立不是一个静止的状态，它是一个不断征服的过程，为了达到自由、强壮和完美的程度，宝宝只能不懈地努力。所以，宝宝在成长过程中的第一本能，就是不需要别人的帮助，自己去做事情。这是他们在争取独力时，出现的第一个意识要求。他们不能永远都生活在父母和家人的保护之下，他们为了排除外界的阻碍，就必须不断地努力，让自己变得强大。自然界给予每个生物独立的能力，对于宝宝来说更是如此。否则，他们可以不要求站起来，不要求自己去探索。宝宝并没有把这些事情当做一个负担，他们心怀喜悦地学说话、学走路，他们为自己的每一点进步而欣喜。

给宝宝真正的自由与独立

不要把自己对于独立和自由概念的理解强加给宝宝。父母无法正确给出一个自由和独立的定义，因为在成年人的世界里根本没有真正的自由。自由与独立只有在宝宝身上才能真正看到，宝宝因为更接近自然，所以他们更接近真理，成年人又何必将束缚我们的枷锁传给宝宝呢？

宝宝有自己寻求独立的方式

对于宝宝来说，他们想要做的一些事情，其实是出于他们的心理要求，这就像走路和说话一样。父母不会去阻止宝宝走路，更不会阻止宝宝学说话，那为什么我们要阻止宝宝的发自内心而做出的事情呢？宝宝通过自己的行为来寻求身体和思想上的独立。他们就像是一位科学家，他们只想自己学习知识，吸收经验，并通过自己的努力达到独立的目的。一些成年人不想工作，做什么事情都没有激情。蒙台梭利博士认为，这些衰退现象的出现是因为在他们出生时，没有得到很好的独立训练，从而使他们在儿童时期就对这些失去了兴趣。正常出生和成长的宝宝会逐步走向独立，而在此过程中遭受到阻碍的宝宝，会逃避独立。

我们让正常的宝宝放弃独立的能力，却总是想要那些身体有缺陷的宝宝恢复这样一种能力，这是不是有些矛盾？对于正常的宝宝来说，他们本身就喜欢这个世界，也愿意发现问题，并自己解决问题。所以，在宝宝的学习环境中，不应该有很多障碍。反之，父母应该帮宝宝安排一些有趣的活动，因为这些活动会帮助宝宝成长。在父母为宝宝安排的学习环境中，应该有很多能够引起宝宝兴趣的东西，并通过这些东西让宝宝增长知识和经验。

❓ 正确应对有性格缺陷的宝宝

0～3岁为宝宝性格的偏离期

宝宝出生后的最初几年,是其性格和智力发展的关键期。出生后的2～3年,宝宝所受到的影响可能会改变他的一生。在这期间, 如果他受到伤害、暴力或其他障碍的影响, 其个性就会发生偏离。也就是说, 如果宝宝这期间遇到了发展障碍, 那么他们的性格就可能会发展得不正常;相反的, 如果宝宝在这一期间能够自由地发展, 他的性格就会发展得很正常。

强壮型宝宝的性格缺陷

"强壮"型宝宝主要表现为反复无常, 并有愤怒和暴力倾向。他们的典型特性就是不服从命令, 就是我们说的 "毁灭性的本能"。这些宝宝通常有很强的占有欲, 表现得非常自私和容易嫉妒, 甚至去抢占其他宝宝的东西。他们的行为没有目的性, 不能集中注意力, 无法协调双手的活动, 他们手里拿的东西很容易掉到地上摔碎。这些宝宝非常吵闹,通常大喊大叫。他们喜欢打扰和取笑别人,对弱小宝宝或小动物不友善, 他们吃饭时通常也表现得很贪吃、挑食。一些父母想尽办法想要改掉宝宝的那些坏毛病, 于是父母开始打宝宝、骂宝宝, 甚至惩罚宝宝。但这一系列的惩罚措施会导致宝宝更加不服管教或出现更多的问题。

弱小型宝宝的性格缺陷

弱小型宝宝通常表现得很被动, 他们的主要性格特征就是懒惰和懒散。他们喜欢通过哭来乞求别人的帮助, 总是要求成年人来帮助他们。希望别人取悦他们, 并且很容易烦躁;他们对很多事情都感觉害怕, 并且依赖于成年人, 他们经常撒谎, 因为撒谎是他们自我保护的一种方式;他们也喜欢偷东西, 因为这样有一种心理的补偿作用。

心理缺陷会导致他们出现一些行为上的问题, 比如, 他们不爱吃饭, 并且总是拒绝, 明显没有胃口或者没有吃饱的感觉, 最后造成消化问题。他们会经常做噩梦，所以会怕黑，也因为这样他们没有优质的睡眠。有的宝宝甚至会贫血，因为有些造成贫血的原因是源于心理问题。这些宝宝的神经方面通常也有一些问题。然而，这些心理问题都是不能依靠药物治疗的。这些被动或消极型的宝宝，比起那些强壮型性格缺陷的宝宝来说，不会那么引人注意与关注。因为父母会觉得他们的行为不是问题，他们的妈妈会认为他是个好宝宝，非常听话，因为这些宝宝不会做任何错事。宝宝对妈妈的依赖，在妈妈的眼里也觉得是件好事。等到后来妈妈会发现，宝宝的运动和说话都非常迟缓，走路也摇摇晃晃等，才发现问题的严重。

父母应如何面对宝宝的性格缺陷

虽然通过上面的介绍，父母会觉得这种有性格缺陷的宝宝很多，但是，如果我们对宝宝的创造性活动有所了解，那么这些问题就可以迎刃而解了。我们已经知道，造成宝宝性格缺陷的原因在于，宝宝0～3岁时父母实施家庭教育时的一些错误做法。这样的宝宝很少能够找到充分发展的条件。这些宝宝大多时候都是独自一个人玩，没有父母的互动，或者说他们除了睡觉很少做别的事情。因为所有的一切父母都为他们安排妥当，他们甚至不用考虑自己会不会饿，因为吃饭都是喂到嘴边的。

长时间缺乏活动，就会产生非常严重的后果。这些宝宝除了对手里的东西感兴趣外，对任何事情都不关心。虽然这些宝宝主观上想做很多事情，但他们无法做到。一旦他们真的拿到了自己渴望的"工作"或玩具，也不知道怎样去玩，只好把它们弄坏。

如果我们想对0～3岁的宝宝所形成的缺陷进行治疗，那么我们只能把握他们3～6岁的这一期间。如果0～3岁时造成的一些缺陷不能得到纠正或弥补，那么这些缺陷会一直保留下来，其影响也会愈来愈大。那么，到6岁时，在这个宝宝身上仍然会存在3岁之前形成的人格偏离等缺陷。6岁之后，这些缺陷会影响宝宝对正确和错误的认识，并且对智力和心理的发展都会产生不利的影响，例如，学习困难，或者缺少道德感，甚至智力水平也可能低于正常值。因此，宝宝可能没有自己的性格，也无法学习。在最后一个阶段，他的这些性格缺陷还会造成其他更多的缺陷。

❓ 宝宝心理成熟才是性格成熟的关键

宝宝的心理成熟与器官的成熟息息相关

在幼儿心理学中，"成熟"一词有着十分丰富的含义，它表示成长的一种调节机制。这种机制能够确保宝宝身体内的各个器官达到平衡状态，从而向着正确的方向发展。从身体的发展上来讲，这无疑是正确的，因为我们已经知道在宝宝的各个器官成熟之前，我们不能教他们走路，我们也不能强迫宝宝提前说话。宝宝的心理发展过程与器官的形成过程是相一致的，我们也必须准备接受宝宝心理成熟的过程。

宝宝心理不成熟的表现

对于宝宝来说，心理成熟与否对于他们能否独立地生活来说十分重要。因为有了好的头脑，如果没有足够的生命力去使用它，也是无用的。心理不成熟的人承受不起挫折，他们的内心很脆弱。在宝宝成年后，心理不成熟会有以下几点表现：

第一，立刻要求回报的"穷人心态"。他们在生活中，对遇到的每个机会都感觉到困难，于是便放弃，却总想一夜暴富。

第二，不自律，不愿改变自己的旧有的思考方式，并且喜欢在背后议论别人，经常抱怨，行为也很消极，他们会拒绝学习，拒绝改变。

第三，经常被情绪所左右，遇见一点事情就容易悲观、恐惧，或者发怒。

第四，不愿学习、自以为是，没有归零的心态。

第五，总是根据直觉判断事物，而不是以事实为依据。他们的口头禅是"我以为"。

第六，做事不靠信念、靠"人言"。试问，这样的心理状态要怎样去面对社会呢？因此，父母不要忽略了宝宝的心理建设，这是他们走向独立道路的必要能力。不要干扰宝宝的心理建设的过程，倘若想要让他们不再调皮捣蛋，可以为他们准备一个自由活动的空间，让他们选择自己感兴趣的事情。

心理不成熟的宝宝容易感觉委屈

宝宝是敏感和脆弱的，他们非常在乎身边的人，比如，父母、老师、伙伴对自己的评价。很多时候，一句无足轻重的话语或者一点挫折，便会使他们感觉受到莫大的委屈。现在的独生宝宝备受父母的关注，因而造成他们的自我优越感和自尊心极强。因此，当父母给予他们的关注稍微少一点时，他们往往不能理解和接受，觉得自己受了委屈，从而采取自我防卫机制加以抵制和抗议。

如何让宝宝走出心理阴影

心理不成熟对宝宝将来性格的发展极为不利，而要改变这种状况，就需要父母正确及时地引导宝宝，培养其乐观开朗的性格。

(1) 让宝宝把所受的委屈和不快宣泄出来。 只要宝宝的言行不过分，父母就应该接受，并允许宝宝适度哭闹。之后，好好安慰宝宝，设法使他们的情绪在爆发后逐渐平静。但安抚宝宝并不等同于无条件顺从宝宝。此时，父母如果毫无原则地一味迁就宝宝，会起到适得其反的效果。

(2) 等宝宝的情绪平静后，父母可让宝宝述说事情的来龙去脉。 值得注意的是，一定要让宝宝主动述说，当他们提及自己的感受时，鼓励其说出为什么会有这样的感受。仔细聆听后，父母应心平气和地从其他人的角度假设几个问题问宝宝，引导宝宝从他人的角度看问题。

(3) 心理成熟度差的宝宝，不太容易适应不断变化的环境， 也不太容易形成良好的自我控制，从而在人际关系和心理健康中更容易出现问题。因此，要提高宝宝的心理成熟度，就要让宝宝学会合理调节自己的情绪。

好习惯之专注力

什么是专注力

当宝宝可以自由选择一件他感兴趣的事情的时候，他们便能很专注地坚持下去。这种专注往往源于宝宝的占有欲和兴趣，只不过宝宝的占有欲是一个变化的过程，刚开始他们会占有这个事物的本身，但是等他们真正地认识了这件事物之后，他们便把注意力集中在事物所包含的知识上。

对宝宝来说，首先引起我们注意的是，他们能够专注于某件事情。他们的专注力，即使在成年人中也只有一些个性鲜明的人才能达到。我们常常认为这是天才的特征，但这种特征却属于每一个宝宝。在宝宝的成长过程中，这种专注对他们来说也是非常重要的。当然，我们不是说宝宝必须以同样一种方式专注于一件事情，但如果宝宝不能专注于某件事情，他就不能正常地成长发展。如果宝宝不能集中精力，他就会被周围的事情左右。宝宝喜欢各种各样的事情，并且会一件一件地去做。在这些繁复的事情中，一旦他们能集中自己的注意力，他就会沉下心来，安排自己的世界了。

宝宝会专注于某件事情，这一情况又给儿童心理学带来了新的内容。它向我们展示了大自然是如何让一个人的性格逐渐形成的。大自然所采取的方法就是让宝宝产生一种特殊的兴趣，这种兴趣能够促使宝宝完成个性发展所必需的创造性工作。

专注是宝宝智力提升的体现

智力的每一寸增长都会给宝宝带来成长的快乐。而当宝宝感受到"工作"

的快乐的时候，他们不会再喜欢糖果、玩具，并且虚荣心也会逐渐消退了。如果说宝宝曾在他们小的时候因为我们逗他而哈哈大笑，那么现在他们发自内心的快乐是那种傻笑无法相提并论的。我们从宝宝身上所看到的这种转折点，正是他们智力的体现。蒙台梭利博士发现，宝宝个性的形成过程与智力发展所走过的道路是相同的。宝宝是那样的专心致志，全神贯注，而专注的宝宝，他们的思维能力正在飞快地运转。因此，我们也称"专注是智力的源泉"。

专注有利于宝宝的正常发展

集中注意力能够使宝宝的心理得到发展，运动协调性得到提高。因此，我们必须有目的地向他们提供一些可以让他们专注的教具，以满足他们的兴趣，从而才能让他们专注地做事情，唤起他们的注意力。宝宝的正常发展需要依赖于他们所使用的东西，所以这些东西应该是有目的地为他们设置的，并且适合宝宝的心理规律。只有这样，当宝宝将这些东西适时而准确地使用时，他们的运动协调能力就会得到提高。单单让宝宝做某件事情是不够的，他们需要集中注意力，有目的地做事情，这样才是有效的行为，才能改掉他们的性格缺陷。所以，激发宝宝做某件事情的兴趣很重要。

蒙台梭利对于教育宝宝的基本理念就是，让宝宝做一些自主选择的事情。宝宝在做这些事情的时候，不会感觉到劳累，反而会更加的集中注意力。同时，也能使宝宝成为自己的主人。

专注力让宝宝有了韧性

当宝宝具有了专注于某件事情的能力之后，就开始具有了韧性。韧性或称持久力是人类性格的又一特点，在专注的能力出现之后，韧性也随之出现了。宝宝做某些重复性的活动，是一种内在的目的在驱使他们。宝宝在集中注意力做完某件事之后，会不停地重复做这件事情。这种行为会起到一种巩固的作用，这标志着人类性格形成的另一个阶段开始了，这里起作用的不是宝宝的意愿而是自然的意愿。

如果一个人不知道自己需要什么，我们就会说这个人没有意志力。相反，如果一个人明确地知道自己需要什么，知道自己要做什么，那么我们就会说这个人有很强的意志力。实际上，宝宝不停地重复某项工作还有另外一层意义，那就是，这说明宝宝具有完成所做事情的能力，可以自由选择要做的事情了，这时的宝宝已经有坚韧的性格。

宝宝对自己感兴趣的事物专注

如果宝宝对于吃奶的自然反应具有专注力，那么我们也必须寻找同样的事情让宝宝具有专注力。因为只有自然才能创造这样的奇迹，所以我们必须了解自然。为了理解自然，首先得对自然的开始阶段有所了解，因为那些最简单的东西是揭示真理的基础，也可以解释更加复杂的现象。

自由是从事宝宝注意力实验研究的条件。我们要记住，对宝宝注意力的刺激，主要是在感觉方面要有强有力的、伴随着感官方面的生理适应性。由于宝宝的生理发育还不完全，这就要求我们遵循自然来发展这种适应性。在发展这种适应性的过程中，如果一个物体不能成为有用的刺激物，那么，它也必然不能让宝宝对它保有注意力，还有可能造成宝宝生理上的疲乏，甚至伤及眼睛、耳朵等适应性器官。当宝宝能自由地选择物体，并在使用中保持高度的注意力时，他就能明显地体验到一种愉快、健康的感官体验。

另外，值得注意的是，如果要让宝宝对一件物品感兴趣，就必须让宝宝根据自己的意愿自由选择，也就是说，如果宝宝不感兴趣，那么外部的刺激力量再强也是徒劳的。所以，不仅要为宝宝准备他们感兴趣的物品，也要帮他们做好内部的心理适应。这样，当外部物体的刺激在起作用时，宝宝的大脑才会出现兴奋，从而使他们保有注意力。

好奇心加上专注力能让宝宝学到更多

宝宝对于外部事物的认识还处于一种好奇的状态，只有再加上专注力，他们才会与这个世界上的某些东西建立起联系，并产生更广泛的兴趣。也就是说，当他们将兴趣与注意力结合之后，他们就不再仅仅局限于与原始本能相关的原始兴趣，而是建立在已获得的知识基础之上，这些都将成为宝宝敏锐洞察力的基础。

　　没有好奇心作为牵引和动力，任何学习对宝宝来说都是被动和无意义的。当宝宝对某一件事情好奇时，他可以很专心地去做、去观察，在这个过程中，宝宝获得的每一点知识都会让他感到快乐和满足。因此，可以这样说，好奇心和专注力是宝宝学习的动力。

让宝宝关注他所关心的事情

　　蒙台梭利博士有这样一个观点，她认为宝宝在长了牙齿后就能产生胃液了，因而要求给他配置更复杂的膳食，所以父母应会利用一切烹调技术及其他可能手段，使他们获得最好的营养。但实际上，宝宝只能吸食其机体最直接需要的食物。同样，注意力也是一样。对于大一点的宝宝，应让他们优先关注那些与生活相关，并且能够刺激到他们的事情。蒙台梭利博士认为无论怎样，这一点始终应该作为教育的基础。

满足宝宝内心的渴望可以让他更专注

　　到目前为止，心理学家一致认为，专注力的不稳定性是 3 ～ 4 岁宝宝的特征。他们会被自己所看到的每样东西吸引，其注意力将不断地从一个物品转移到另一物品，也就是说，他难以将其固定在某一物品上。在这里看来，集中宝宝的注意力很难，这正是儿童教育所面临的障碍。

　　但是，在"儿童之家"，只要将宝宝放置在一个充满教具，并且十分自由的环境时，我们就会看到，宝宝马上就能将专注力集中在某类物件上，之后按照教具的设置，开始有目的地使用它，并且还无数次地重复这一行为。重复的行为是肯定的，只是不同的宝宝重复的次数是不一样的，一个宝宝可能重复 20 次，另一个宝宝可能重复 40 次。促使宝宝有这样的表现，其原因就是他们内在的渴望，这种渴望就像是一个饥饿的人看见了食物一样。

　　宝宝在错误的教育下，他们的精神是饥饿的状态，如果要满足他们这种由于"饥饿"所产生的冲动，就必须将宝宝的专注力引向明确的目标，即成为一种基本的同时又是复杂的、可重复进行的智力活动。例如，有一个小女孩，她一遍遍地将插座圆柱体插入到盒子中，不受旁边人的干扰，自己重复了 40 次，最后才露出了满意的微笑。倘若他们在操作的过程中犯了某个错误，或发现了某个问题，他们会着手解决这个问题，并且对这一活动越来越有兴趣，会试图反复进行这一试验。也正是这种活动，才有利于促进宝宝的心理活动练习。

要满足宝宝的心理饥渴，只是让他们走马观花地看看漂亮的东西是不够的，他们要拥有，并且能充分地自我操作。因此，蒙台梭利博士特意为宝宝设计了适合他们的教具，目的就是为了培养宝宝的主观能动性。通过专门的练习，可以使宝宝获得真正明确的知识，并使他们在学习这些知识时，可以保持同等程度的注意力。

给宝宝自主选择权

宝宝的行为受自然规律的影响，内在力量决定了宝宝的选择。如果这种内在力量的作用受到限制，那么宝宝意志力和专注力的发展也就会受到限制。因此，如果我们想让宝宝获得很好的专注能力，就应放手宝宝去选择自己喜欢的事物。如果我们对宝宝的选择能力加以研究就会发现，这很合乎逻辑。一个人想建立自己的性格，完善自我就必须遵循这一规律。

倘若我们做着我们自己喜欢的事情时，我们就会很投入，并且忘记时间的存在。但是，如果我们只是为了完成任务而在做事情，那么我们就会觉得时间过得很慢，我们在受着煎熬。蒙台梭利博士最强调的就是自然教育，为了能让宝宝专注地学习事物，将学习内容的自由权交由宝宝自己来决定吧。他们选择的内容也正是来源于求知欲和对知识的占有欲，所以父母更应该支持他们。

宝宝需要一个相对安静的环境

宝宝发展最重要的问题是怎样让他们保持持久的专注力，这是他整个性格形成和社会行为的基础。宝宝必须学会如何集中专注力，为了做到这一点，我们必须找到能够使宝宝集中专注力的东西，并且为他们创造一个可以集中专注力的环境。在吵闹的地方，无论是宝宝还是成年人都很难将专注力长时间地集中。因此，宝宝周围的事物和环境对他们来说是非常重要的。因为我们知道没有人可以让宝宝保持集中的专注力，只有物品和环境可以引导他们，之后只有宝宝自己才可以对自己的心理进行调节。这也正是蒙台梭利博士想要办学校的原因，因为她就想为宝宝提供这样一个环境。

安静的地方有助于专注力的集中。世界上任何人，如果他们想集中精力都会倾向于找一个安静的地方。只有在安静清幽的环境中，才能创造出一种集中精力的气氛。学校是一个不错的地方，至少它是封闭的，但是很少有宝宝在6岁前就入小学，因此家长需要给宝宝一个相对较安静的环境，不要错过了宝宝性格形成的最佳时期。

帮助宝宝集中专注力

如果仅仅任由宝宝的天性行事，那么他们将永远也不可能集中自己的注意力，他只会任凭自己的好奇心使注意力从一物体向另一物体转移。为了让宝宝可以集中专注力，需要父母与老师的协助。

宝宝的专注力一定是依靠某个物体来保持的。也就是说，宝宝被吸引的首要条件是外部刺激，它是一种真正的"精神乳汁"，我们可以从宝宝的小脸上看到他的注意力表现出令人吃惊的高度集中。蒙台梭利博士发现，一个年仅3岁的宝宝可以连续50次不断重复同样的活动，此时有许多人在他周围四处走动，有人在弹钢琴，还有一群宝宝在齐声唱歌，如此嘈杂的环境也未能分散他那高度集中的注意力。同样的，当一个宝宝正在吃奶时，无论他的周围发生什么响动他都不会停下来，除非他已经吃饱了。因此，我们对宝宝要有一个很好的引导，让宝宝开心地参与，从而吸引宝宝的注意力。

小游戏助宝宝提升专注力

·0～3个月：和宝宝说话

妈妈在宝宝吃饱睡足、精神状态好的时候，微笑俯视宝宝，对宝宝说话。妈妈可以对宝宝说："宝宝，你好吗？我是妈妈。"也可以指着旁边的爸爸说："快看，这是爸爸。"注意，妈妈的声音要轻柔、声调高、较多使用重复的话语。妈妈语声的重复、音节间的停顿都有利于宝宝去确认、分析和记忆，也由此能够提高宝宝对妈妈的关注。积极的语言刺激不仅能促进宝宝言语功能的发展，也能促进宝宝的智能发育和情感发展。

·3～6个月：藏猫猫

让宝宝坐在妈妈的怀里，爸爸用一块手绢遮住自己的脸，问："宝宝，爸爸在哪儿？"当宝宝寻找时，爸爸迅速拿掉手绢露出笑脸，并"喵"一声。也可以遮住宝宝的脸，让他学着自己拿掉手绢，爸爸妈妈在一旁叫"喵"。

这个月龄段，外界物体开始在宝宝的大脑中形成形象，即表象，能够保留一段时间。所以，宝宝能够从开始时的惊讶到后来咯咯大笑，他明白不在眼前的事物并不等于不存在，这是宝宝智能发展的又一个里程碑。经常玩这样的游戏，不仅能培养宝宝愉快积极的情绪，还能提高他玩游戏的持久性，提升其专注力。

·6～12个月：和镜中人玩耍

妈妈和宝宝一起面对镜子，妈妈开始张嘴，让宝宝指认镜中的妈妈，指认正确给以鼓励；然后让宝宝张开嘴，看看镜子里的宝宝是不是也张着嘴，教宝宝指认自己。4个月左右宝宝对妈妈到镜像有反应，会注意观看，对它微笑；4～6个月会把自己到镜像当成游戏伙伴；待7～12个月时，宝宝就进入了"我动镜像也动"的阶段。此游戏可以帮助宝宝逐渐意识到自我存在。

·12～36个月：听声音猜乐器

先给宝宝展示三种小乐器，比如，小鼓、小喇叭、口琴，并分别演奏，让宝宝熟悉各种乐器的发音特点。然后，蒙住宝宝的眼睛，弹奏一种乐器，让宝宝猜猜是哪种乐器。对于还不太会说话的宝宝，就让他指认；大一些的宝宝就可以直接说出乐器名。乐器的种类可以随着宝宝年龄增长而增加。

几乎所有的宝宝都对音乐有种与生俱来的敏感性。早期对宝宝进行音乐训练，无论是对其智能发展还是性情发展都有着潜移默化的作用。此游戏需要宝宝专心投入才能准确猜出，

所以很锻炼宝宝的注意力。

❓ 好习惯之意志力

什么是意志力

坚强的意志力是一点点磨炼出来的，越是在困难的环境中越能锻炼人的意志力。父母应该有意识地给宝宝设置点障碍，为他们提供克服困难的机会，使他们在生活的道路上有点小小的坡度。一个具有意志力的宝宝，他的整个机体就会是协调的，不会处于混乱的状态。而意志力发展的好与坏也体现了一个宝宝能量的大小及性格的好坏。一个有良好性格的人有可能会成为一个坚定不移的人，成为一个忠实于自己的言行、信念和情感的人。

怎样让宝宝拥有意志力

父母可以锻炼宝宝按时睡觉，让他坚持自己收拾玩过的玩具。刚开始的时候也许有点困难，妈妈不可以帮助宝宝，以免让他产生依赖心理；慢慢地，宝宝就能自己收拾好玩具，自己按时睡觉了。另外，父母还应该指导和帮助宝宝制定短暂和长远的目标，使宝宝有努力的方向。宝宝心中有了目标，他就会为实现目标而努力，表现出坚毅、顽强和勇气。但目标一定要恰当，应该是宝宝明白这个目标不经过努力是达不到的，但稍经努力便能达到。太难或太易达到的目标都不能使宝宝的意志得到锻炼。

让宝宝在行动中锻炼意志

意志力会体现在宝宝的行动中，无论宝宝做什么事情，比如，行走、工作、讲话、写字，或是睁眼凝视、紧闭双眼以避开某物，他们都在被动地左右着。另外，意志也会对宝宝的行为加以克制，比如，当宝宝愤怒的时候，他们会有一种冲动，此时就要完全依仗意志力来控制；再比如，宝宝想从餐柜中取出某种食品，然后又把它放回原处或将它让给其他的小伙伴；当宝宝喜爱的玩具正在被别的宝宝使用时，他需要用意志力控制自己，他只能苦等，不能将玩具抢过来。其实，需要用到意志力的地方很多，在学习的时候，他需要依靠意志力一边聚精会神地做练习，一边纠正错误；在宝宝走路的时候，他需要小心翼翼地尽量不撞到桌椅，不发出噪音。意志不仅是克制冲动的行为，它还能对行为加以理智的引导。假如不让宝宝活动，那么，这种意志力也就没有办法表现出来，宝宝的意志力也就无法得到锻炼和提高。

强制习惯会阻碍宝宝的意志力

宝宝学习一样东西的时候需要很久的时间，这期间就要多处用到宝宝的意志力。在各种游戏和行动中，宝宝自身的意志力会得到很好的发展。倘若在宝宝的行为之初，父母就去勒令他停止一些行为，那么会在瞬间摧毁宝宝用了好久才建立起来的那么一点点的意志力。这种意志是以特定环境中的持续行为为基础的，它的发展是缓慢的，然而毁掉它却轻而易举。这就相当于建一栋楼需要很久，但爆破它很容易。

有些父母为了让宝宝从小就养成一些好习惯，就给小宝宝设置了各种各样的规定，不管怎样，他们必须要接受一些有关纪律方面的知识。但是，越是要求得严格，你就发现宝宝的犯错率会越高。因为他们是在被迫地执行，时刻将自己处于一种警觉和意识的控制之下，这是一种长期不断的努力，并不是一种习惯。一旦他们放松警觉和控制，那么错误就会产生。这种表演出来的习惯与那些真正的习惯完全不同。

尤其是与成年人相比，宝宝还处于一个发展的阶段，他们还处于一个以冲动做事为前提的时期，这样限制式的教育方式会给他们带来很大的痛苦。如果父母过于严厉，那么他们就会向压制力屈服，那么等他们长大以后，也不会是一个勇于表达的人。对于宝宝来说，意志力的两种截然不同的力量还没有融为一体，直到心理萌芽阶段，这两种因素仍然处于分离状态。不过作为父母，我们不能放弃这种努力，因为这种融合和适应是一定会发生的，并将在潜意识中起到支持作用。因此，我们应当尽早引导他们这种积极的行为，这一点对于宝宝的发展来说是最基本的。

培养宝宝运用意志力

习惯性比刻意为之要显得有教养得多。就好比我们带宝宝去朋友家做客，如果宝宝已经养成了礼貌的习惯，那么他就会很乖巧地问好，在别人的家里不会乱翻乱动，父母递过来的糖果会自然地用双手去接，走的时候会说再见。这就是习惯，这就是无意识的意志的体现。

我们的行为并不仅仅受冲动的支配，行为也体现了一个人的礼貌和教养。这两方面缺一不可。如果没有冲动，那么宝宝就不可能对一个东西感兴趣；同样，如果没有意志力，宝宝和父母就不可能去认真地学习新的知识，无法修正、引导、利用我们的冲动。正是这两种截然相反的力量处于一种平衡的状态时，就说明宝宝已经养成了运用意志的习惯。有了这种习惯，那么宝宝在做事情的时候就不会每次都下很大的决心，也不需要用推理或知识去完成它们。它们几乎成了一种习惯性的动作。不过，这是一种习惯，而并非本能，所以对于幼小的宝宝来说，他们还需要不停地在行动中培养自己运用意志力的习惯。

意志力的培养需要父母放开双手

通过意志教育，我们就是希望宝宝的身上可以具备良好的意志力。这种能力不是一两个励志故事就能完成的，它需要不断地训练。我们希望他们不虚荣，专心致志，意志力强，使内心生活充实，引导他们在不久的将来能选择一份他自己喜欢而又创造价值的伟大事业。

正是因为我们太爱宝宝，所以给了他们太多的热情和希望，这往往容易使宝宝置于过分的庇护之下，反而不利于他们的成长。我们要相信，宝宝具备自我调节的力量，他们具有自我发展的潜能。正是这种潜能，引导他们去触摸某种东西，进而熟悉它。而父母又对他们这种自我发展的过程做了什么？父母只是横加阻拦，会大惊小怪地说："别碰。"宝宝到处跑动，是为了能够走得更加稳当，而父母却对他们吼道："别跑。"宝宝向我们问问题，只是想获得知识，而父母却认为他们无理取闹，于是很不耐烦地回绝他："别烦我，自己玩去。"这样的结果往往限制了他们的发展。为了宝宝可以健康成长，请父母收掉自己的一些权威，让宝宝自己锻炼他们的意志吧。

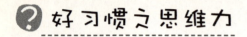

好习惯之思维力

什么是思维力

思维是复杂的心理活动，在婴幼儿心理发展过程中出现得比较晚，是在感觉、知觉、记忆等心理过程的基础上形成的，与语言发生的时间相同。思维力是智能的核心，宝宝智力水平的高低在一定程度上直接取决于思维的发展水平。思维力的好坏是衡量宝宝聪明与否，将来，有没有创新精神的最具体的表现。

刚刚出生的宝宝基本上没有思维，只有对事物的感知、对事物之间联系的最初认识。一般认为，宝宝在 9 ～ 12 个月产生思维的萌芽，有的宝宝可能更早一些。真正的思维发生的时间大约是在宝宝 2 岁，2 岁以前是思维发生的准备时期，3 ～ 6 岁是思维开始发展的时期。

训练可以让宝宝的思维更有条理

蒙台梭利博士很赞成这样一种教学方式，父母拿出不同的物体，分别让宝宝说出各个物体的特征，比如，颜色、形态、纹理等。如果我们向宝宝提供物体，每个物体又有许多自己的特性，这会对宝宝大脑的条理性有很大帮助。宝宝不仅可以掌握各种事物的特性，还可以掌握事物的发展变化方式，为他们了解周围的环境和世界打下基础。

蒙台梭利博士认为，文化不仅是一个信息积累的问题，它也表明个性的发展。教一个感觉受过锻炼的宝宝，与教一个感觉上没有受过锻炼的宝宝是完全不同的。对于那些接受过锻炼的宝宝来说，一个物体、一种想法都会引起他们极大的兴趣。因为他们对这些事物的微小区别非常敏感，诸如叶子与花朵的形态和颜色、昆虫的样子。宝宝的思维发展取决于他们所接触的事物以及他们对事物的兴趣。

强迫会让宝宝思维混乱

如果不让条理性和清晰性在宝宝头脑里生根，那么他们的大脑就会处于一片混乱之中。如果此时父母还让他背课文、记单词，那么只会让他的大脑思维更加紊乱，这只会妨碍他们的成长，妨碍宝宝自己做决定，而无助于宝宝的成长，他们的意志也得不到发展。很多人觉得宝宝不需要有自己的意志，因为父母会告诉宝宝什么是最好的。这是父母从来没有考虑过宝宝自己的想法，作为独立的个体，他们也会有"我想要"的需求。

蒙台梭利博士曾遇到过这样一件事情。一位女士故意问一个本来知道樱桃是红颜色的宝宝："樱桃是什么颜色的？"这位女士只是想逗宝宝玩，但没想到这个被问问题的宝宝一脸的紧张，并且犹豫惶恐地不知如何回答，最后只得喃喃地说："我去问问老师。"

这种做法阻碍了宝宝初期思维的发展。宝宝会感受到一种压抑，他们会觉得自己的行为在被一种力量撑空着。时间长了，宝宝会变得胆小，以致在没有他们所依赖的人的帮助和同意时，连承担任何责任的勇气都没有。

如何提高宝宝的思维力

宝宝思维的发展有一定的规律，由具体向抽象发展。因此，不能要求宝宝像父母那样思考。适当的教育与训练可以促进儿童的思维从具体向抽象发展，还可以培养其良好的思维品质，如思维的深刻性、灵活性和创造性等，以提高宝宝思维的能力。父母可以从以下几方面做起。

(1) 丰富宝宝生活的环境。对于新生儿来说，父母可以在摇篮的上方悬挂一些彩色的小球，或简单的色彩鲜艳的玩具，或能发出声响的东西，如小风铃等，供宝宝醒着的时候看和听；平时在婴儿醒着时多逗他玩，抱、吻、抚摸他；随着宝宝的长大不断提供合适的玩具；1岁左右的宝宝能行走了，要为他提供一个活动的空间，让他自由地进行各种活动；3岁左右的宝宝可以和他一起看电视动画片、儿童片，一边看一边讲给他听；多带宝宝到室外走走，看公园里的花草树木等。

(2) 语言是表达思维的工具。有了词语才能对事物进行概括。通过语言中的语法规则，宝宝才能脱离具体动作和具体形象，进行抽象逻辑思维。语言的发展对思维能力的提高能起很大的作用。从宝宝咿呀学语开始，父母就要以身作则，帮助他正确发音。父母对宝宝说话时不要说儿语，如饼干不必说饼饼，小狗不要说狗狗。要让他听惯和记住日常生活中准确的常用词。要有计划地丰富宝宝的语言词汇，帮助他用正确语言表达思想。

(3) 鼓励宝宝积极思维。 好动、好问是宝宝的天性。父母应耐心听宝宝的提问，解决宝宝的提问或引导他去思考、自己解决问题，对宝宝毁坏了东西的行为也不应过分责备。

(4) 锻炼宝宝的思考力。 在家庭生活中，锻炼宝宝思考力的机会有很多，只要父母在这方面善于引导宝宝去思考就会获得丰收。比如，玩玩具、做游戏、猜谜语、养小动物、养花以及参加家务劳动等，都可以使宝宝积极动脑筋进行分析、比较、判断、推理等一系列逻辑思维活动，从而促进其思维能力的发展。

(5) 教给宝宝正确的思维方法。 思维的特征是概括性、间接性和逻辑性，宝宝随着年龄的增长，有了较多的感性知识和生活经验，语言发展也达到较高水平，为思维发展提供了条件。

清晰思维来源于意志的培养

在培养宝宝的时候，我们要培养宝宝的能力，而并非培养他们的一种"乖巧"的状态。这些能力包括：坚持不懈的毅力，清晰的思维，良好的思维习惯，选择的能力，自我修正与指导。只有在幼儿期打下良好的基础，他们才能为以后的学习和工作做好准备。

当然，要建造一间让"道德"居住的"房屋"，我们必须对他们施加一些控制，让他们的身体得到锻炼，也让他们的心理的疲惫得到恢复。所以，我们有必要对宝宝的意志进行不懈的训练。

当小宝宝通过自我教育，将那些复杂的、需要做出比较和判断的内心活动付诸行动时，他们一方面是用这种方式获得了有条理的、清晰的智力，另一方面也培养了自己的意志。这是一门能帮助宝宝在不依赖别人意见的情况下自己做决定的学问。掌握这门学问后，他们就能把握自己日常生活中遇到的一切事情。那个时候的他们就会自己决定是否要拿那块不属于他们的糖；那个时候的他们也将是快乐的、身心是放松的，会随着音乐翩翩起舞；那个时候的他们也会是安静的，因为他们已经有足够的能力抑制自己想要走动的动机。这种坚持不懈地培养个性的工作，都是通过决定付诸行动的。从此，宝宝那种初期的紊乱状态会变得井井有条，他们的整个生命便进入了一种自发的状态，怀疑和胆小也伴随心理混乱的消失而消失。

培养宝宝思维的方式是动而不是静

如果想要让思维在宝宝身体内生根，并有效地完成任务，从而体现它的价值，那么我们就应该对意识进行必要的训练。训练对于培养我们行为的精确性是十分必要的。这一点很好理解，就像我们不能让宝宝在没有基本功的情况下跳出美丽的舞蹈，我们也不可能让没有经过训练的手指演奏出动听的钢琴曲。但这些基本的动作协调运动和理解力培养必须从儿童期就开始。为了使宝宝的动作能够相互默契配合，必须进行动作方面的训练。比如，运动、舞蹈等，在此过程中，意志就像一名"指挥员"，它在指挥着一支组织严密、纪律过硬、技术精良的"部队"，让宝宝的每一个动作趋于完美。

❓ 好习惯之适应力

什么是适应力

适应力，即适应能力。适应能力是宝宝对外界刺激的分析和综合判断能力，即宝宝对物体和环境的精细感觉、解决实际问题的能力、对不同环境的调节能力等。在面对陌生的环境和人、事、物时，宝宝是表现出接受还是拒绝；到了一个新的环境中，他需要花多长时间才能适应……这些适应能力在宝宝的发展中起着十分重要的作用。提高宝宝的适应能力，才能让宝宝的人生之路走得更为顺利。

为宝宝成长提供适宜的环境

蒙台梭利博士认为，为了配合宝宝的成长，就必须为他准备一个适宜的环境，这样就能让宝宝自由地发挥他模仿和活动的本能。父母为宝宝提供的一切设施也是能让宝宝自己处理的，比如，桌椅要轻便，容易搬动；门的把手要低些，宝宝可以轻而易举地够到；柜子不要太高，以方便宝宝自己挑选衣服；洗漱池、肥皂都要符合宝宝的身形大小；宝宝的衣服要容易脱下和穿上。这种环境就是蒙台梭利教育所提倡的能够刺激宝宝自发活动的"有准备的"环境，在这样的环境中，宝宝可以在没有丝毫疲劳感的状态下逐步完善其动作的协调性。

为宝宝提供适合他们使用的家具

如果想让宝宝不受周围环境的阻碍而健康成长，那就需要父母精心为宝宝挑选适合他们的小家具，打造真正属于他们的环境，这样，才能更好地培养宝宝的适应能力。

· 选择安全的家具

宝宝自己的空间，当然需要自己的家具，这样，他们才能成为这个家的主人，对于这个空间有"认同感"和"归属感"。在给宝宝选择家具时需要注意很多，首先就是安全性。宝宝尚处于生长发育阶段，爱动是宝宝的天性，所以在为他们选购家具时，安全性是必不可少的。宝宝家具的线条应圆滑流畅，要有顺畅的开关和细腻的表面处理。带有锐角和表面坚硬、粗糙的家具都应远离宝宝，以免宝宝被刮伤或碰伤。

· 选择环保的家具材料

用做宝宝家具的材料比较丰富，有木材、人造板、塑料等，这些材料各有特点，保证坚固、实用很重要。这些家具还要求无异味。家具的表面涂层，应该具有不退色和不易刮伤的特点，要选择使用塑料贴面或其他无害涂料的家具。

· 选择色彩鲜艳的家具

0～6岁是宝宝创造力发展的巅峰时期，选用大胆明亮的家具色彩，能激发起他们的好奇心和注意力，更能培养宝宝对颜色的敏感性。颜色过分厚重的或旧而缺乏色彩的家具最好不用。有实验证明，性格较内向而软弱的宝宝，宜用色彩对比强烈的家具；性格较暴躁的宝宝，宜用线条柔和、色彩文雅的家具。对于家具的颜色，蒙台梭利博士提倡以绿色为底色，与古老的乡村艺术风格相一致，因为她认为这样的家具会显得简单、淳朴、优雅、自然、美观和大方。这不仅会提高宝宝的鉴赏力，还会营造出一种舒适的氛围。

· 选择形象生动的家具

学龄前宝宝渴望了解和接近大自然，对形象生动的事物感兴趣。那些可爱的小动物造型，色彩鲜艳的方块、三角、圆球等几何形体，符合学龄前宝宝的心理特点。给他们选购家具，宜选择形象生动活泼，线条简练，兼有游戏特征的家具。

· 家具要适合宝宝的身材

对于家具的大小，最好选择那些根据人体工程学原理制作的，家具尺寸要与宝宝身体的高度互相配合。此外，还要与宝宝的年龄与体形相结合，这样才会令宝宝感觉舒服，有益于他们的健康成长。购买的宝宝桌椅，最好具有能够按照身高的变化进行调整的功能。

· 碗具的选择

蒙台梭利博士不提倡给宝宝用塑料碗或者铁质的碗。她让宝宝使用瓷碗、玻璃杯等真实生活中所用的物品，因为这些物品最易打破，一旦它们有破损，就等于是在向宝宝粗鲁和漫不经心的行为提出警告。这样，就可以引导宝宝纠正自己的行为，训练他们行动细心、准确，学会不碰撞、不打翻、不摔坏东西，使自己的行动变得越来越文明和有节奏，并逐渐像主人一样成为各种器皿、用具的管理者。同样，宝宝也会养成尽力养成不弄脏、弄坏他周围那些洁净、漂亮和常用的东西的习惯。通过这些训练，他们能使自我更加完善，使各种动作保持统一与协调，使活动更加灵活、自由。

让宝宝做力所能及的事情

环境的失调对于宝宝的影响很大，因为宝宝在不协调的环境下，他的动作无法得心应手。给小宝宝练习的小提琴是小的，给小宝宝练习的吉他也是小的，那么给宝宝锻炼生活能力的呢？宝宝看父母的行为，就像是在看一个具有高超技能的杂技演员，宝宝很想模仿那些高超的动作。但是，由于他们的动作不够熟练，总是会出错，于是就遭到了父母的制止，这样会使他们对这些事情失去兴趣与耐心。所以，蒙台梭利博士建议父母：让你的宝宝依照他们的喜好去行事，让他们自己梳洗，自己换穿衣服，自己吃东西。

让宝宝自然地成长

父母往往费尽心力想要帮助宝宝，却妨碍了他们的自然发展。就像许多学校把桌椅固定在地板上一样，我们剥夺了宝宝一次学习的机会。因为宝宝不知道他们撞到桌椅的时候，桌椅会发出声响，他们也就不会知道轻手轻脚的好处。虽然把桌椅固定后看起来比较整齐，但是这样一来，宝宝可能永远也无法将身体的行动变得有秩序了。这个道理好比宝宝将瓷碗掉在地上打碎后，他们再拿瓷碗时就会轻拿轻放，不会莽撞行事。

父母要尽可能地让宝宝自然地生活与成长。给宝宝准备一些他们真正需要的东西，这样不仅能吸引宝宝的注意力，又能配合宝宝心理发展的环境，使宝宝获得充分的自由。

让宝宝更好地树立团结协作精神

有些老师也想在班级里培养一种健康向上的气氛，但这些老师们只想通过说教的办法，灌输给宝宝一些东西，比如，他们会说"对比你聪明的同学不要嫉妒"，"对伤害了你的人不要报复"，这些话也都带有一些否定意味。在蒙台梭利学校里，宝宝之间没有嫉妒，只有赞美、关心和互相帮助。他们会夸奖每一个优秀的伙伴，也会为每个宝宝所取得的胜利而高兴。当然，他们也不会认输，因为他们知道自己什么时候可以做什么事情。他们很清楚自己的状态，也很清楚自己会得到怎样的发展。在宝宝之间也会有一种明显的团队意识，这种团队意识以一种高尚的情感为基础，并且会促使他们更加团结，体会到合作与分享的乐趣。

团结协作是指一种团结一致、互帮互助，为了一个共同的目标坚持奋斗到底的精神。要使宝宝能更好地树立团结协作精神，想要让宝宝呈现出一种团结协作的状态，首先需要一个目标。这个目标的设立要根据宝宝实际情况和接受能力，考虑宝宝的年龄、心理、生理特点及认识水平，分阶段设立不同目标。第二，宝宝之间的互相鼓励。这一方法能促进全组宝宝在练习中振奋精神，在心理上达到良好的状态而投入学习。即使宝宝勉强完成动作，全组也要充分肯定，同时让宝宝用掌声或言语激励同伴顽强拼搏，坚持到底。第三，也是最重要的一点，就是分组。分组的标准要将年龄不同、基础不同、能力不同的宝宝分在一起，让基础好的同学帮助他们，这样能使宝宝获得个人需要的满足和个人发展的满足，体会到互助协作、友爱、信赖的愉快，感到人际关系和谐带来的温暖，从而有利于培养他们良好的心理素质。

劳动中有吸引宝宝的东西

宝宝的本性是喜欢劳动的，当他们不爱劳动的时候，一定是有原因的。有一次，蒙台梭利博士去旧金山的"儿童之家"参观，当她走进教室的时候，发现桌椅上满是灰尘。蒙台梭利博士没有质问当天值日的小女孩，而是对那里的老师说："你知道为什么你的宝宝不打扫教室，宁愿让教室脏兮兮的吗？因为他们没有漂亮的抹布可以用。假如没有漂亮的抹布，我也不会想去打扫的。"是的，宝宝的劳动热情或许就是源于一个合适的工具。这些特质在成年人身上仍然存在。如果今天家里刚买了一个拖布，我想我们会很想拖地的。

劳动让宝宝变得很独立

父母可以在家务事中为宝宝单独设立一个劳动的岗位，给他们准备合适的工具。这样既让宝宝的身体得到了锻炼，又能通过劳动培养宝宝热爱劳动、珍惜劳动成果的美德，从而让他们一步步走向成熟和自立。拖地抹桌、整理房间时给宝宝留一块"自留地"；洗刷餐具、浇花、喂猫时为宝宝也留一个位置；甚至买菜购物也让宝宝分担，让宝宝当当家，算计算计家中的柴米油盐事。宝宝对自己的"劳动"会很用心地经营。

父母应该明白，让宝宝做家务事，不但不会累到宝宝，还会让宝宝在劳动中养成许多好的习惯。通过劳动，宝宝会变得更勤快、更懂事，生活的自理能力也将相应提高。当然，在劳动过程中，父母要真正让宝宝保持独立，同时应当指导他们该如何做，并要适时给予鼓励。

给宝宝一个自己的空间

我们可以确定，在宝宝的成长过程中，不仅需要吃的来维持身体的成长，穿的东西来保持身体的健康，还需要一个可以让他们自己把控的空间。我们应该注意到，宝宝喜欢自己做事情，并有很强的秩序感。当宝宝在不受父母的干扰下，自己完成一件事情之后，他们的脸上会显示出一种骄傲而又高兴的表情，因为他在向我们宣告他丰富的潜能。所以，我们应该引导宝宝，创造机会让宝宝开发其潜能，而不应阻碍他的活动。

很多父母都认为，宝宝喜欢玩具，并且玩玩具可以激发宝宝的想象力和创造力。当我们看见一个小朋友用力拖拽一个和他一般大小的毛毛熊时，我们会觉得宝宝很可爱。但是，所有的这一切都是我们自己认为的。蒙台梭利博士通过大量的实验证明，宝宝不喜欢那些单纯的玩具，它们没有一点可塑性，也不能激发宝宝的智力和专注力。对于那些超大的娃娃玩具来说，宝宝更是不会喜欢，这只会造成他们的负担。还有那些虚假的厨房、卧室模型，它们只能让宝宝陷入在虚假的环境中，然而只有真实生活才能产生真实的能力。所以，蒙台梭利博士提出要给宝宝一个属于他们自己的小盥洗台，几把小椅子，一个宝宝能打得开抽屉的柜子，一些宝宝能够使用的日常用具，一张晚上睡觉用的小床，和一床宝宝可以自己叠放的漂亮毯子。我们必须让宝宝生活在一个既能居住也能玩乐的真实环境之中。我们会看到宝宝在这样的环境中，双手整天忙个不停，夜里只想赶快换上睡衣，然后爬上自己的床乖乖躺好睡觉。宝宝也会自己清理家具，自己穿衣服，还会养成健康的饮食习惯，自己照顾自己。宝宝整个人变得安静又有礼貌，不哭、

不闹，也不顽皮捣蛋。因为这一切让宝宝觉得，他们有自己可以支配的空间了，他们高兴不已。

培养宝宝适应社会的能力

随着年龄的增长，宝宝的社会适应能力会逐渐提高。他们逐渐将关注的对象由自己转向他人，开始感到自己有许多方面不如别人，更加愿意与同伴共处，为了让小伙伴接纳，甚至不惜拿出自己最珍爱的玩具或食品。此时的宝宝非常希望能融于同伴之间，融于社会之中。他们也与同伴争吵，但是会更加讲究方法和技巧，一般情况宝宝不会表现出蛮不讲理的态度。根据宝宝社会性发展的特点，父母应该注意以下问题。

(1) 为宝宝提供更多的交往机会

可以邀请邻居家的宝宝到自己家玩或带宝宝去做客，遇到合适的场合带宝宝一起去，这样就满足了宝宝渴望交往、渴望得到他人接纳与认同的意愿。

(2) 培养宝宝与人交往的技能

宝宝喜欢与他人，尤其是同伴交往，但是，假如他不掌握交往的技能，就得不到同伴的认同甚至受到冷落或孤立，这会为宝宝社会性的顺利发展带来阻碍。父母应告诉宝宝，与人交往时要谦让、友好、协商、分享，若宝宝这方面做得很差，父母可以提供一定的情景，加强对宝宝的训练。学会交往的技能，这是交往的前提条件之一，也是交往的基本功。

(3) 不要过分干预宝宝之间的交往

宝宝为了得到他人的接纳，可能会表现出迁就他人、宽宏大量的行为。父母不要为此而不高兴，觉得宝宝受委屈、受欺负了。其实，这是宝宝在与他人的交往中主动地培养自己享受和大度的品质，这是社会发展所必需的优良品质。父母应注意教育宝宝，在他每次与其他宝宝交往中，父母仔细观察，帮助宝宝进行分析，指出他哪儿做得不对，哪儿做得对。不对的地方要告诉宝宝应该如何做，做得对的地方要给予表扬。

培养宝宝适应能力小游戏

学用手纸：和宝宝玩照顾布娃娃的游戏，比如，给布娃娃穿衣服，喂布娃娃吃饭。过一会儿，对宝宝说："娃娃要大便了，快送娃娃去大便。"引导宝宝将娃娃放在便盆上。等娃娃大便完毕后，妈妈要告诉宝宝："娃娃大便完了，快给娃娃擦擦屁股。"然后，教宝宝正确使用手纸，如第一次将手纸双叠后从前向后擦拭一遍，然后再将擦过的一面双叠再擦拭一次，再将手纸扔入纸篓。再拿另一张手纸用同样的方法再擦拭一遍，然后给娃娃穿好裤子，整理好衣服。等到宝宝大便时，妈妈可以为宝宝准备好手纸，然后让宝宝如同替娃娃擦屁股一样自己操作。等宝宝擦拭两遍后，妈妈要检查宝宝是否擦干净。如果擦拭干净了，要表扬宝宝；若未擦干净，妈妈要帮助宝宝。

认识性别：准备一些图片，上面画有男孩、女孩、上学、吃饭、运动等画面。让宝宝辨认图中谁是女孩，谁是男孩，谁是弟弟，谁是哥哥，谁是妹妹，谁是姐姐。让宝宝说一说男孩和女孩在头发、衣着、身体特征等方面的不同。让宝宝说说自己和图中的哥哥或姐姐有哪些方面是一样的，说一说自己是男孩还是女孩。妈妈带宝宝外出，一起辨认男女，买衣服时，告诉宝宝什么衣服是男孩穿的，什么衣服是女孩穿的。妈妈可以问："宝宝穿什么样的衣服呢？"让宝宝自己认一认。宝宝有了自我意识后，就可逐渐培养宝宝的性别意识，这是宝宝自然智慧的重要内容，只有宝宝对自己的性别有了正确的认识，才能很好地扮演性别角色。

摆餐桌：每次在准备吃饭前，妈妈要引导宝宝收拾好自己的玩具，然后到厨房帮忙。请宝宝拿一块干净的抹布，到餐桌前将餐桌擦拭干净，然后回来洗手。洗完手后，再请宝宝按家里的人数摆碗、筷子和勺子等。再请宝宝拿个托盘，将妈妈盛好的饭菜用托盘搬到餐桌上，注意不要让宝宝一次拿太多，请宝宝给大家分好，再将托盘拿到厨房，交给妈妈。然后等一家人一起坐下来吃饭的时候，妈妈要夸夸宝宝："宝宝真能干，把餐桌擦得好干净啊！碗和筷子摆得很整齐！"

穿衣服：给宝宝准备好衣服、鞋子、袜子。让宝宝自己挑选喜欢的装，配上鞋子，然后鼓励宝宝自己穿。如果宝宝不知道怎么穿，妈妈可以在旁边指导宝宝："宝宝先把小手伸入一只袖子，再伸另一只小手，好的，再套头。"宝宝穿裤子也是，妈妈也要在旁边指导。宝宝穿好后，妈妈别忘了赞赏宝宝一下，会让宝宝下次更有兴趣自己穿衣服。

剥蛋壳：煮好几个鸡蛋，稍微凉凉后，妈妈和宝宝一起来剥蛋壳。妈妈先给宝宝做示范：先把鸡蛋在桌子边上敲两下，让蛋壳有了裂痕，然后顺着裂痕把蛋壳一点一点剥掉。再让宝宝模仿妈妈的动作，给鸡蛋剥壳。开始宝宝可能剥得不够好，妈妈要教宝宝用大拇指和食指一点一点地剥，很快宝宝就能学会剥蛋壳。剥完蛋壳后妈妈要表扬宝宝，让宝宝品尝自己亲手剥的胜利果实。

土豆发芽：准备牙签、花盆、洒水壶、照相机、大小不同的土豆。妈妈和宝宝一起观察单个土豆，再用小棍把几个土豆接在一起，组成假山状。先让宝宝充分观察土豆的颜色、形状，发现土豆有芽眼。把"土豆假山"放入花盆中，加适量的水。每天和宝宝耐心地观察和养护。宝宝会发现"土豆假山"由黄变绿了，长出了小芽。让宝宝数数有几个土豆、发出了几个芽。分阶段拍下土豆发芽的过程，让宝宝记忆、观察。

刷牙：给宝宝准备一个儿童牙刷，引导宝宝自己用牙刷刷牙，先从上到下，再从下到上，同时要照顾到里面和外面。注意给宝宝用牙膏时，要提醒宝宝不要吞咽牙膏，或者等到宝宝完全掌握了刷牙方法后再用牙膏。为了鼓励宝宝自己刷牙，可以和宝宝一起学唱刷牙儿歌："小牙刷，手中拿，张开我的小嘴巴。上面牙齿往下刷，下面牙齿往上刷，左刷刷，右刷刷，里里外外都刷刷。早晨刷，晚上刷，刷得干净没蛀牙。刷完牙齿笑哈哈，露出牙齿白花花。"还可以陆续学习洗手、洗脸、梳头等。

第三节
好修养

❓ 宝宝的修养体现在三个阶段

培养好修养须遵循宝宝的自身发展规律

修养是一个人全部品德的基础，不礼貌、不文明的行为，既不利于宝宝自身的发展，也将严重危害宝宝良好品性的形成。在生活中受欢迎的人，往往是那些有礼貌有教养的人，他们也有较好的发展机会与人际关系。对于宝宝来说，修养不是生来就有的，而是一个慢慢培养和熏陶的过程。在这个过程中，父母要遵循宝宝自身发展的三个阶段，来对宝宝进行培养。切不可强行教育或责罚，否则，将会事与愿违，阻碍宝宝的发展。

第一个阶段：时而服从，时而不服从

1岁前宝宝只受外在事物的影响。之前我们认为，服从就意味着父母让宝宝做某件事情，宝宝服从了他们的命令去做了这件事情。但是，通过蒙台梭利博士的研究，服从经历三个阶段。

在最初，宝宝有时听话，有时不听话，也正是他们的这种反复无常，让很多父母感到头疼，但是我们必须要了解。刚开始，宝宝不能理解父母让他们做什么，或者不让他们做什么。他们做什么、不做什么都是无意识的，只受外在事物刺激的影响，只受有目的的行动的控制。这种情况，一直会持续到宝宝1岁前。

在1～6岁之间，那种反复无常的状况明显减少，这时，不是因为他们变乖了，而是因为他们已经逐渐有了意识，有了自我控制的能力了。在这一阶段，宝宝的服从意识与他们所具有的能力有着密切的关系。宝宝可以服从，是因为他们开始具备对于3岁以前的宝宝来说，除非父母给他们下达的命令符合他们

的内心需求，否则他们是不会服从的。因为此时他们的心理还没有成熟，他们正忙于在潜意识状态下建立自身性格所需的各种机制。当这些机制还没有锻炼到可以自由控制的时候，他们是不会服从的。也就是说，这些宝宝要达到一个新的发展水平才能变得听话。实际上，或许父母的唠叨只是唠叨而已，他们并没有期望宝宝可以听话。但是，父母也本能地认为，只要他们表现得够凶，或者施加一些暴力，那么宝宝就会听他们的话。

对于稍大一点的宝宝来说，他们已经不像0～3岁的宝宝那样处于一种原始的状态。对于一个3岁以上的宝宝，他在服从命令之前也必须具有一定的能力。他不可能突然之间就会服从父母的意志，也不可能突然理解为什么要去做这件事。即使在这一阶段，宝宝的内心深处也是在经历着某种成长，这一过程也要经历几个阶段。在这一成长慢慢定型的过程中，宝宝可能会根据父母或者老师的要求去做某件事情，但这只能说明他们已经能够使用刚刚形成的某种能力了。但他们还不能反复地去使用，因为他们的这种能力还需要一段时间来巩固。

作为父母，很容易对宝宝表现出爱心和耐心，却无法忍受宝宝反复无常的行为。他们无法忍受宝宝一会儿听话，一会儿又不听话。但是，这是宝宝成长所必经的阶段，我们可以想办法去吸引宝宝的注意力，但绝对不能用打骂的方式使宝宝屈服。因为没有什么比在某种能力的成型时期挫伤宝宝的积极性更为有害的了。父母要记住这一点：宝宝的犯错行为不是故意在和你作对，因为他们现在还属于无意识状态。因此，尊重宝宝"时而服从，时而不服从"的这个阶段吧！

第二个阶段：随时可以服从命令

宝宝服从命令的第二个阶段是宝宝可以随时服从命令。因为在此时，他们在控制自己的问题上已经不再具有障碍，他们的这种能力已经得到了巩固，他们不但可以听从自己的意志，同时也可以服从别人的意志了。能做到这一点，对宝宝来说是一个巨大的进步。此时的宝宝很期望父母给他一个指令。比如，父母可以这样对宝宝说："帮妈妈把苹果皮扔进垃圾桶吧！""把爸爸的帽子拿过来！"

第三个阶段：急于等待和履行别人的命令

宝宝服从的第三个阶段：他们好像急于等待和履行别人的命令。当宝宝获得了这种能力后，他们很希望自己能够变得越来越强大，这种积极的心态是成年人很难想象的。就好比，当他看到一个强者的时候，他会对自己说："这个人真的很厉害，我要向他学习。"这种求知欲望给宝宝带来的不是痛苦，而是无比的快乐。因为他们看得到努力的方向，并且有明确的目标，此时，宝宝对于自己的期望越来越高，想要变强大的想法十分强烈。所以，这个年龄段的宝宝非常急于完成父母给他们下达的指令。或许在日常的生活中，我们也可以看到这样的现象，小宝宝总是缠着爸爸妈妈说："你给我出题，我来答。"宝宝渴望得到别人的命令，并且他们会从服从命令中得到乐趣。

在意志力发展的最后阶段，宝宝具有了服从能力。这种服从能力又促成了宝宝的服从意识。当宝宝的服从意识达到了很高水平时，不管父母下达怎样的命令，他们都可以立即履行。所以，父母要注意自己的说话方式和习惯，也要对下达的每个命令都十分慎重。

❓ 让宝宝学会在等待中培养好修养

等待，让宝宝拥有耐心

耐心等待是一种心平气和的修养，也是对意志力的磨炼。成年人要学会耐心等待，在等待中发现机会。而对于宝宝来说，这也是一种必备的修养和智慧。蒙台梭利博士发现，如果给宝宝提供过多的东西，不仅不会让每个宝宝都如愿，还会在他们之间造成一种混乱。

因此，即使有许多宝宝，蒙台梭利博士也只为他们提供一小部分东西。在"儿童之家"蒙台梭利教室中，蒙台梭利教具只有一套。如果其他宝宝正在使用这套教具，那么另外一个宝宝即使很想得到，也必须等待。这就会养成宝宝一种重要的品格——等待，而不是要求其他小伙伴让出来。这样的事情每天、每年都在发生，所以等待就会成为他的生活习惯，这同时也会加快宝宝的成熟。

在很多人的头脑中，争抢东西是一件再平常不过的事情，但是，当人们看到"儿童之家"的宝宝是如此具有耐心地等待时，会感到非常吃惊。他们可能会问："你们是怎么让这些小家伙如此懂事的？"这些都不是老师们苦口婆心地教育得来的，却是老师们费尽心思营造出来的环境所塑造出来的。

在适当的时候帮宝宝达成心愿

蒙台梭利博士曾遇到过这样一件事。一天，一个宝宝的姐姐用彩笔画了一个蛋形的圈。这个宝宝看了很喜欢，于是他也想用画笔去画。但是，这个宝宝并没有去抢那支画笔，而是一直在旁边等待。他想等姐姐用完了，他再用那支画笔。可是，他的姐姐却不愿意给他，并把他赶走。蒙台梭利博士看见后，就给了那个小朋友一支水彩笔，那个小朋友显得非常开心。可是那个小朋友太小了，在没有人的帮助下是不能画出蛋形的圈的，所以他开始用波浪形的线画。他姐姐用直线画，他却有更好的主意，用波浪线画得像小虫子一样，所以他为了自己的这项"发明"而高兴不已。耐心是宝宝发展过程中的一个重要特征，只有当他们无法正确表达自己，遇到障碍时，才会出现乱发脾气、不听话的情况。在适当的时候，父母应给宝宝的"耐心"一份鼓励，帮助宝宝耐心地完成他的心愿。这十分有利于宝宝良好修养的形成。

父母不要"即时满足"宝宝的要求

许多父母总是处在给宝宝"即时满足"的状态。在心理上认为，宝宝小，只要宝宝有需要一定要满足他。但是，父母也不要忽略，经常的"即时满足"，对宝宝是无益的，有时甚至是有害的。如果父母总是"即时满足"宝宝需求的话，那么容易造成宝宝的情感缺失和性格缺失，比如：

(1) 宝宝性格急躁。宝宝想要什么，父母马上给予，经常处在这样的情况下，父母的动作稍慢一点，宝宝就大呼小叫，性格急躁，缺乏耐心。

(2) 宝宝无法感受到幸福。宝宝想要一块泡泡糖，妈妈马上给他买；宝宝想吃肯德基，妈妈马上带他去；宝宝想要一个芭比娃娃，妈妈马上送给他。所有的东西，都这么轻而易举地得到，宝宝不会珍惜，也感受不到幸福，反而会觉得这是应该的。

(3) 宝宝不知道爱惜玩具。有些宝宝的玩具箱里，放着几十件玩具，但对哪件玩具都是玩几天就扔在一边，有时还拿玩具乱扔、乱摔，我们试想下，假如这是一件等了几天，甚至是一个星期按时去幼儿园才得到的礼物，他还会如此不爱惜吗？

延迟满足让宝宝学会等待

对于 1 岁之内的宝宝来说，父母要尽量满足他们的生理及心理的需要。但当宝宝实在无理取闹时，可延迟满足他的需求，延迟满足要控制在 1 分钟以内。这个年龄段的宝宝喜欢扔东西。一件小玩具，宝宝扔出去了，却又够不到时，宝宝大喊大叫，让父母帮忙。你可以尝试这样做："宝宝，等一等。"一边说话，一边去捡玩具，这样可以分散宝宝的注意力，然后停顿几秒后再递给宝宝。

1～2 岁的宝宝对很多话能明白大概意思，因此，边做边说是应该的，而且要用简短的语言告诉他们为什么。宝宝想喝奶，但奶是刚从冰箱里拿出来的，太凉，他却有些迫不及待。这时，你可以尝试着告诉宝宝说："你来摸摸，奶好凉的，喝了会肚子疼哦。先等一下，妈妈把它热一下。"

2 岁以上的宝宝，开始出现自我意识，他们也能听得懂父母讲的道理。"等"字的含义，他也基本明白。这时父母要有意识地带他多体验。延迟满足的时间也可以从几分钟延长至一两天。假如宝宝刚喝过一杯热奶，却又想要吃一支冰淇淋。可以尝试着这样说："喝完奶你的小肚子已经鼓鼓的了，再吃冰淇淋小肚子快装不下了。这样好不好，今天不吃了，明天妈妈带你吃肯德基，还能有小玩具呢？"给宝宝一个更好的选择，但是需要等待，他也会耐心地等到那个更好的选择。

听话的宝宝并不一定修养好

阻止宝宝并不会让他听话

对于成年人来说，我们平时做事情、说话是为了要达到某一个目的或解决一些问题。相反的，当我们发现宝宝除了捣乱，什么问题都没解决时，我们就很自然地想要阻止他。而此时的宝宝通常不服管束，他们的这种行为并非是有意识的。

父母总是喜欢把自己的意志强加到宝宝身上。对宝宝而言，他们会产生意志与服从两方面问题。很多人认为，教育就是对宝宝自身意志的压制，用父母或老师的意志代替宝宝的意志，并且要求宝宝无条件地服从。但是，宝宝不是生来就有意志的，他们的意志需要在生活中不断锻炼，倘若我们总是压制他们自己的意志，那么，他们怎么能够在长大后成为有意志的人？而父母剥夺宝宝拥有意志的原因是，因为宝宝的主观意志会给周围带来混乱甚至是暴力。但实际情况并非如此，混乱和暴力只是宝宝感情波动和痛苦时的一种表现而已。当宝宝真正能够运用意志力的时候，对他自身是有好处的。因为这种力量会促进宝宝的成长，从而发挥他们身上的各种潜能。

听话的宝宝是被束缚的宝宝

所有的教育模式和方式都不是不可动摇的，我们的教育方式比照以前已经有了很大进步。在《圣经》中有这样的描述："父母不使用棍棒是错误的，那样他们的宝宝就会进入地狱！"同样，中国人的说法是："棍棒底下出孝子。"传统的教育观念中，老师和父母就是独裁者，宝宝就是我们的奴隶。

虽然我们已经知道这种方式已经不适用了，但我们还坚信一个对于宝宝的评判标准，那就是：不听话的宝宝是坏宝宝，听话的宝宝是好宝宝。这种认知依旧是错误的。如果这一理论继续被应用于现在的教育之中，那么我们在以毁掉宝宝的思想为代价，来叫他们认识，这个学费太昂贵了。

教育宝宝不是让宝宝一味地服从

蒙台梭利想告诉大家一个教育理念：我们不要轻而易举地毁掉了宝宝的意志力。或许宝宝在意志力建立之初会表现得顽皮，但只要有好的引导，那么这种顽皮会变成一种聚精会神。倘若将这种意志力培养起来了，那么宝宝就会自由地选择服从他人的命令了。强迫性地服从是被迫的，依靠意志下的服从才是宝宝自愿的。

意志力和服从意识是可以齐头并进的。意志力是发展的前提和基础，服从则是在这个基础上产生的。常听有些父母说："我们家的宝宝原来不听话，后来被我教育得很乖了。"实际上，宝宝对于父母与老师的服从意识也是逐渐发展而来的。是的，假如人类在进化过程中没有获得服从的品质，那么人类的社会生活将无法想象。所以，我们没有说服从是错误的。当一个宝宝的成熟过程接近结束的时候，这种服从的品质也就会自然而然地出现了。

但是，并不是所有的服从都是好的。如果这种服从是没有尊严的，没有自己的思想，那么它就是一种不受控制的盲从，这种形式的服从会导致人类走向毁灭。相反，如果我们所教授宝宝的服从意识是可以控制的，在宝宝的心理是通过对一件事的判断，之后做出的服从，那么这种服从就是被推崇的。

宝宝服从意识的发展，与宝宝发展其他方面能力的道路是基本一致的。首先，它受"有目的"的冲动的影响，然后进入到有意识的为之，最终进入意识、意志的控制。所以，教育宝宝的问题不是要宝宝去服从父母的所有命令，而是需要教会宝宝对于服从的控制。

宝宝会有意识地做自己喜欢的事情

或许有些父母会说："宝宝自己的意志能不能让他们增长知识与否，我没看到，我只看到了他们在调皮，在捣蛋。"此时的宝宝还需要更多的成长时间，当他们的意志与他们自己所做的事情一致的时候，他们才真正走上了有意识发展的轨道。如果宝宝会重复地做一件他们自己选择的事情，这也就说明他们已经对自己的行为有了一定的认识了。当宝宝感到自己会有意识地做事情时，他们自己也会有一种不一样的体验感受。

曾经有一位贵族小姐参观了蒙台梭利的"儿童之家"。由于她还不了解学校的情况，便随口问了一个小男孩说："这就是规范你们行为的学校吗？"那个小男孩听到这句话，立刻反驳道："不是的，女士。这所学校从不规范我们的行为，是我们喜欢我们所做的事情。"这个宝宝已经理解了两者之间的区别，宝宝一旦决定做某件事情，这件事情就应该能够给予他快乐。

? 如何让宝宝拥有好修养

在日常生活中培养宝宝的好修养

培养宝宝的好修养是所有父母都很关心的问题之一，从以下几个方面入手，可以让你轻松教养出宝宝的好品格。

• 生活方面

不要急于让宝宝做他们还没有能力做到的事情。比如，宝宝一般要到 2 岁左右才会从生理上和心理上接受如厕训练，在此之前出现尿湿裤子的情况都是正常现象。过早强迫训练宝宝规律排泄，会给宝宝带来很大的精神负担，甚至遗留长期的身心问题。另外，不要因为宝宝的行动慢而剥夺宝宝自己的动手能力，给宝宝充足的时间，让他们自己来做力所能及的事情，也是培养好修养的方法之一。

• 心灵方面

不要太着急让宝宝学会分享。在宝宝的成长路途上，建立"我的"物权意识是十分可贵的一步，只有先明白什么东西是"我的"，才能开始建立分享的概念，不能要求很小的宝宝让他把自己的东西分享给别人。另外，不要着急让宝宝学会控制情绪。如果急着控制宝宝的感情渠道，掐断宝宝体验自己情绪的机会，让宝宝觉得哭、生气、难过等负面情绪是不对的，是很可怕的事情。容许宝宝犯错并从错误里学习，给他们尝试犯错，而不是着急地把他套入自己的心理模式。让宝宝知道，在别人面前自由、毫不害羞地把自己的想法清楚地表达出来，是最可贵的权利。

• 学习方面

有很多父母都奉行一个理论，那就是"不让宝宝输在起跑线上"，于是父母总是着急让宝宝学很多东西，比如，钢琴、围棋等。其实，宝宝的学习是有敏感期的，父母要注意观察，当敏感期到来时，给宝宝创造适当条件，不增加过多压力，不剥夺宝宝学习的权利，宝宝自然就会学得很好。但是，如果宝宝全部生活内容都是枯燥的学习，学习就不再是愉快的而是痛苦的，那就会使宝宝的敏感期迟迟不来，甚至消失，宝宝学习就会感到很吃力。过早获取与认知能力不相符的知识，反而影响脑部发育与智力开发，把想象力与创造力从脑部驱逐出去。过早追求成绩，也容易让宝宝把旁人的关注作为荣誉，不再关注自己内心的感受。其实，归根结底，培养宝宝具有好修养的最佳办法，就是顺其自然地给予宝宝所需要的。父母要足够了解自己的宝宝，清楚地知道宝宝现阶段的需求，无论是学习，还是品德，都需要父母的耐心疏导和观察。

在游戏中塑造宝宝好修养

宝宝的好修养是日积月累形成的，好的修养影响宝宝一生。父母可以通过以下游戏培养宝宝的好品格、好修养。

懂礼貌：父母平时就应营造出一个有礼貌的家庭环境，让宝宝在耳濡目染中学会礼仪。比如，如果妈妈要让宝宝拿东西，应客气地说"请"；当宝宝拿来时，应说"谢谢"；当不小心忘记对宝宝的承诺时，应坦然地对宝宝说"对不起"。在日常生活中，父母以身作则，耳濡目染，宝宝自然地成为一个有礼貌的好宝宝。

角色扮演游戏：通过角色扮演游戏，可以事先帮宝宝模拟出可能发生的情境，让宝宝学习感受对方的情绪及解决问题的方式。如果家里只有一个宝宝，妈妈不妨集合邻居家的小朋友，与宝宝一同进行角色扮演游戏。比如，让几个小朋友分别扮演妈妈、爸爸及妹妹等角色。当扮演妈妈的宝宝煮饭给全家人吃时，其他宝宝要跟"妈妈"说谢谢。而在角色扮演戏结束时，也要提醒宝宝谢谢此次合作的其他宝宝，这样能使宝宝感受到彼此尊重与合作的乐趣。

看图说故事：妈妈可以和宝宝分享童话故事，与宝宝讨论彼此的想法和感受。妈妈可以问："如果是宝宝，应该怎么样去做呢？"其实，重要的不是要知道答案，而是要引导宝宝去思考。

把握生活当中的教育机会：妈妈可以请宝宝分享当天发生的一件事，比如，"今天和小朋友抢玩具，宝宝是不是做错了？"把握生活中的教育机会，可以让宝宝记得牢，并且不易忘记，是培养宝宝品格最棒的方式。

"小熊生病了"：妈妈将小熊放在宝宝的床上，然后对宝宝说："小熊生病了，宝宝应该去看望一下它吧？"妈妈可以再示意宝宝："去看望病人，我们应该给它带点什么呢？"然后，引导宝宝是不是要给小熊带点水果或者好吃的。此游戏通过妈妈与宝宝的互动，可以让宝宝初步了解看望病人的方式，学会相关的礼貌礼仪，从而能与他人和睦相处。

让爱在父母与宝宝之间传递

晚上睡觉的时候，宝宝总是会赖在父母身旁一会儿，因为宝宝爱他们的父母，所以不愿意离开。当父母要去吃饭时，正在吃奶瓶的宝宝也要一起去。这并不是因为他也想吃东西，只是因为他想留在父母身边。然而很多时候，父母却没意识到宝宝的爱。但是，我们应该记住，宝宝在幼年时期对我们如此深沉的爱，当他长大后就会消失。

现代社会，对不少宝宝来讲，父母的怀抱已经成了奢侈品。宝宝小的时候被忙于事业的父母丢给了保姆或爷爷奶奶。对宝宝来说，本应最亲近的父母却成了最疏远的人。这样的结果是：宝宝越来越与父母生疏。如果亲子之间丢失了最原始的沟通方式，比如，不能和宝宝亲昵、玩耍、说话等，那么，爱的情感就无法顺利传达。不管父母对宝宝寄予多么深切的厚望，这种教育都是失败的。不管时代如何发展，教育理念怎么变化，父母都不能封闭最原始的沟通渠道。因此，在感受宝宝对你爱的同时，也要时时刻刻让宝宝感觉到你的爱。

尊重宝宝吃饭的权利

我们不用担心宝宝不会长大，因为这是那么自然的事情，可是如果想让宝宝健康、快乐地长大，那就只有在宝宝能够充分地练习下才能完成。如果宝宝在成长过程中缺乏练习的机会，那么成长的只有骨骼，他的智能发育只会停留在较低的层面。所以蒙台梭利博士认为，那些从儿童期开始便受到支持与引导的宝宝，他们的发育要比其他宝宝好得多。

比如，吃饭。如果宝宝可以自己学会吃饭，那么妈妈一定付出了很大的爱心和耐心。因为宝宝的动作不灵活，所以吃饭的时候不仅很慢，而且会弄得饭菜到处都是。所以很多没有耐心的妈妈会剥夺宝宝自己吃饭的权利，即使宝宝央求要自己吃，但妈妈仍然会将饭一口一口地喂进宝宝的嘴巴里。只有那些细心的妈妈，她会和小宝宝一起坐到餐桌旁，一起品尝美味。小宝宝会慢慢地将汤匙放到嘴里，慢慢地咀嚼。

其实，妈妈在喂养宝宝的身体的同时，也是在"喂养"宝宝的精神，而宝宝的精神需求更重于身体需要。如果宝宝将饭菜弄到了餐桌上、衣服上、地板上，妈妈应该将"爱干净"的原则扔掉，因为让宝宝自己动手才是最重要的，这可以使宝宝的合理冲动得到满足。

实际上，随着生理与精神的不断发展，宝宝的动作也将会更加熟练，一段时间之后，他们不会再把自己弄得脏兮兮的，而是会像一位绅士或者一位淑女一样，吃东西的时候保持整洁。这个时候，说明宝宝在动作及智力发展上已经取得了实质性的进步，也是宝宝精神发展上的一个进步。

❓ 相信宝宝可以做到

其实宝宝可以做很多事，只是由于父母保有固有的观念，总是认为他们还小而替他们做。这就好像我们在帮助一个想要依靠自己力量破壳的小鸡，这种帮助不仅无益，反而是有害的。我们必须相信宝宝可以做到，并且给他们尝试的机会。在"儿童之家"的宝宝就可以自己洗手，自己把脏东西擦掉，而其他更小的宝宝同样会去照着做，而且每件事都做得很认真、很投入。

蒙台梭利博士曾亲身经历过这样一件事情。有一次，她和一个1岁多的小男孩结伴到乡下去。由于小男孩刚刚学会走，所以当他们走在一条石子路上的时候，蒙台梭利博士不禁想要去牵小男孩的手。但是，处于对宝宝的了解，她强迫自己打消了这个念头，改以口头提醒的方式告诉小男孩说："小心，这里有块石头。""这里比较好走，走这边。""走这里的时候要小心。"小男孩非常认真地听着她的每一个提醒，一步一步小心地走路。蒙台梭利博士说一句，小男孩就走一步，她轻声地说，他注意地听。小男孩甚至已经喜欢上了这条石子路，他走得快乐极了。

然而，如果缺少耐心的父母，一定会抱起宝宝，很快地走过这里。一位尽职的父母需要相信自己的宝宝，并且珍惜宝宝的每一个活动的机会。如果我们只是一味地给宝宝一些对发展无益的帮助，那么不仅宝宝缺少了一次锻炼的机会，还会给宝宝的心灵带来影响。父母应该了解宝宝的天性，并且尊重宝宝的本能活动。

❓ 宝宝的眼泪不是无理取闹

蒙台梭利博士认为，我们必须警觉和宝宝之间的相处之道，因为宝宝的感情比我们想象的还要细腻，并且对外来的影响尤为如此。但是对于年轻的父母来说，我们缺乏足够的经验，我们不知道宝宝的某些反应是因为什么。甚至我们对宝宝会缺乏爱心，因为繁忙的工作已经占用了我们太多的精力，于是我们不会去分辨宝宝在生活中流露出的细致情感。倘若我们不懂得如何去尊重宝宝，那么我们通常只有在宝宝激烈表示的时候才会察觉到，而那时我们再提供帮助已经晚了。

在生活中，我们会看到这样的事情。一位妈妈在做着自己的事情，旁边的宝宝在哭闹，她却置若罔闻。此时我们问这位妈妈，为什么不去安慰一下她的宝宝，因为她的宝宝哭得很伤心。这位妈妈会说："你放心，我不过去，他一会儿就不哭了。"这位妈妈的教育原则是：如果宝宝一哭我们就去安慰他，这样不但会把宝宝宠坏，还会让宝宝养成用眼泪引起父母注意的坏习惯，那样的话，父母的苦日子就来了。对于那么小的宝宝来说，他们所有的行为都是无意识的，他们只有感觉到不舒服或者是心理的需求没有得到满足的时候，才会用眼泪。他们的心智还没有成熟，怎么可能有那么深的心机用那么撕心裂肺的哭声来换取父母的拥抱？

~ Baby ~
妈妈必学的蒙台梭利育儿全书